EL MANUAL ESENCIAL DEL FOTÓGRAFO
FOTÓGRAFO
40 CONSEJOS Y ETIQUETA PARA PRINCIPIANTES

Aviso de copyright

Reservados todos los derechos. Ninguna parte de este libro puede reproducirse, distribuirse o transmitirse de ninguna forma ni por ningún medio, incluidas fotocopias, grabaciones o cualquier otro método electrónico o mecánico, sin el permiso previo por escrito del editor, excepto según lo permitido por la ley de derechos de autor.

Tabla de Contenido

Introducción a la etiqueta fotográfica: navegar por el mundo de la fotografía con respeto 1
Comprender su cámara: conceptos básicos y funciones 3
Elegir el equipo de cámara adecuado 5
Dominar el modo manual: apertura, velocidad de obturación, ISO y más 7
Técnicas de composición: regla de los tercios, líneas principales, encuadre 9
Conceptos básicos de iluminación: luz natural versus luz artificial 11
Comprender la exposición: equilibrar la luz y la sombra 13
Capturar movimiento: consejos para la fotografía de acción 15
Fotografía de retrato: pose y comunicación. 17
Fotografía de paisajes: encontrar la toma perfecta 19
Fotografía macro: explorando los detalles 21
Fotografía callejera: navegar éticamente por los espacios públicos 23
Fotografía de eventos: capturar momentos con gracia 25
Fotografía de arquitectura: resaltando el diseño y el detalle 27
Fotografía de viajes: documentando sus aventuras 29
Fotografía de vida silvestre: observación respetuosa y seguridad 31
Conceptos básicos de edición: mejorar tus fotos 33
Introducción al software de edición de fotografías 35
Comprender la corrección de color y el balance de blancos 37
Técnicas de retoque: mejora de retratos 39
Creando impresionantes fotografías en blanco y negro 41
Construyendo su portafolio de fotografía 45
Copyright y propiedad intelectual: protegiendo su trabajo 47
Etiqueta de redes sociales para fotógrafos 49
Networking y colaboración en la comunidad fotográfica 51
Buscando comentarios y críticas constructivas 53
Establecer metas e hitos realistas 55

Encontrar tu estilo fotográfico y tu voz 57
Equilibrar la pasión y las ganancias: convertir su pasatiempo en una carrera 59
Comunicación con el cliente y profesionalismo. 61
Fijación del precio de sus servicios de fotografía 63
Promocionarse como fotógrafo 65
Construyendo una fuerte presencia en línea: sitio web y redes sociales 67
Manejar el rechazo y la crítica con gracia 69
Aprendizaje continuo: talleres, cursos y recursos 71
Mantenerse inspirado: explorar otras formas de arte 73
Mantenimiento de su equipo: consejos de limpieza y almacenamiento 75
Lidiar con el agotamiento y los bloqueos creativos 77
Celebrando su progreso y logros 79

Introducción a la etiqueta fotográfica: navegar por el mundo de la fotografía con respeto

Muy bien, ya tienes esta nueva y brillante cámara, estás entusiasmado por capturar algunas tomas increíbles, ¡pero espera un segundo! Antes de empezar a hacer clic, hablemos de algo muy importante: la etiqueta fotográfica. Sí, no se trata sólo de saber cómo utilizar la cámara; también se trata de cómo te comportas mientras capturas esos momentos mágicos.

Primero lo primero, hablemos de respetar la privacidad de las personas. No todo el mundo quiere que le tomen una foto, y eso es genial. Pide siempre permiso antes de tomarle una foto a alguien, especialmente si es de cerca y personal. Y si dicen que no, pues respeta sus deseos y busca otro tema.

Ahora, pasemos a otro punto crucial: ¡ubicación, ubicación, ubicación! Tenga en cuenta dónde está disparando. Algunos lugares pueden tener reglas específicas sobre fotografía, como museos o propiedades privadas. Siempre verifique si se permite la fotografía y siga las pautas que tengan vigentes. Y oye, si estás fotografiando al aire libre, sé respetuoso también con la naturaleza.

Ah, y hablando de ser respetuosos, hablemos de otros fotógrafos. Hay un mundo muy grande ahí fuera y es probable que no seas el único que intenta capturar esa puesta de sol épica. Sea cortés con sus compañeros fotógrafos. No bloquees sus tomas, no acapares el mejor lugar, y si accidentalmente haces una fotobomba en la foto de alguien, discúlpate y sigue adelante.

Y por último, pero no menos importante, hablemos sobre cómo editar y compartir tus fotos. Es tentador volverse loco con los filtros y efectos, pero recuerde, menos es más. Sea honesto acerca de sus ediciones, especialmente si las comparte en línea. Y oye, siempre da crédito a quien lo merece. Si estás publicando el trabajo de otra persona, asegúrate de tener su permiso y menciónalo.

Recuerde, ser un gran fotógrafo no se trata sólo de habilidades técnicas; también se trata de ser un ser humano decente. Así que sal, toma algunas fotografías increíbles y recuerda siempre respetar a las personas y los lugares que te rodean.

Comprender su cámara: conceptos básicos y funciones

Muy bien, profundicemos en el meollo de la cuestión de tu cámara. Claro, puede parecer intimidante al principio, pero créeme, una vez que lo domines, podrás disparar como un profesional en poco tiempo.

En primer lugar, hablemos de las diferentes partes de tu cámara. Tienes tu cuerpo, tu lente, tu visor o pantalla LCD y todos esos botones y diales. Puede parecer mucho para asimilar, pero no se preocupe, lo desglosaremos paso a paso.

Ahora bien, una de las cosas más importantes que hay que entender es el triángulo de exposición: apertura, velocidad de obturación e ISO. Piense en ellos como la santísima trinidad de los entornos fotográficos. La apertura controla la cantidad de luz que ingresa a la lente, la velocidad de obturación determina cuánto tiempo permanece abierto el obturador y el ISO mide la sensibilidad del sensor de la cámara a la luz.

A continuación, hablemos de centrarse. La mayoría de las cámaras tienen enfoque automático, que hace el trabajo por ti, pero siempre es bueno saber cómo enfocar manualmente, por si acaso. Y hablando de manual, no temas cambiar al modo manual y tomar el control de tu configuración. Puede que requiera algo de práctica, pero vale la pena para esas tomas perfectamente personalizadas.

¡Ah, y no te olvides del balance de blancos! Puede parecer elegante, pero básicamente se trata de asegurarse de que los colores se vean naturales en diferentes condiciones de iluminación. La mayoría de las cámaras tienen balance de blancos automático, pero también puedes ajustarlo manualmente para obtener resultados más precisos.

Y por último, pero no menos importante, no descuides las otras funciones de tu cámara, como modos de escena, estilos de imagen y modos de disparo. Están ahí para ayudarle a obtener la mejor toma posible en diversas situaciones, así que no tema experimentar y ver qué funciona mejor para usted.

¡Así que ahí lo tienen amigos! Entender tu cámara puede parecer mucho al principio, pero con un poco de práctica y paciencia, pronto dominarás esos botones y diales como un profesional. ¡Así que adelante, sal y empieza a tomar fotografías!

Elegir el equipo de cámara adecuado

Muy bien, ¡hablemos de equipo! Cuando se trata de fotografía, tener el equipo adecuado puede marcar la diferencia. Pero con tantas opciones disponibles, puede resultar abrumador tratar de descubrir qué es lo mejor para usted. Pero no te preocupes, te respaldaré.

Primero lo primero, hablemos de las cámaras. Básicamente existen dos tipos principales: DSLR y cámaras sin espejo. Las DSLR son cámaras clásicas y probadas con un mecanismo de espejo en su interior, mientras que las cámaras sin espejo no tienen espejo. Ambos tienen sus pros y sus contras, por lo que realmente todo se reduce a las preferencias personales y al presupuesto.

A continuación, lentes. Ah, lentes, ¿por dónde empiezo? Hay lentes gran angular, teleobjetivos, lentes fijos, lentes con zoom... la lista continúa. Una vez más, todo se reduce a lo que vas a fotografiar y cuánto estás dispuesto a gastar. Comience con una lente versátil como un zoom estándar y luego podrá ampliar su colección desde allí.

¡Y no nos olvidemos de los complementos! Probablemente querrás un trípode resistente para esas tomas de larga exposición, una buena bolsa para la cámara para proteger tu equipo y tal vez algunos filtros para mejorar tus fotografías. Ah, y no te olvides de las tarjetas de memoria y las baterías adicionales. Créame, no querrá quedarse sin energía en medio de una sesión.

Ahora, antes de salir y gastar el máximo de su tarjeta de crédito en lo último y mejor, tómese un momento para pensar en lo que realmente necesita. Claro, esa nueva y elegante cámara puede ser tentadora, pero si recién estás comenzando, podría ser mejor optar por algo más asequible y actualizarlo más adelante.

Y oye, ¡no tengas miedo de pedir consejo! Ya sea de otros fotógrafos, foros en línea o de su tienda de cámaras local, hay muchas personas dispuestas a ayudarlo a tomar la decisión correcta.

¡Así que ahí lo tienen amigos! Elegir el equipo fotográfico adecuado puede parecer una tarea desalentadora, pero con un poco de investigación y una cuidadosa consideración, estarás en el camino correcto para construir el kit perfecto para todas tus aventuras fotográficas.

Dominar el modo manual: apertura, velocidad de obturación, ISO y más

Muy bien, profundicemos en la fotografía y hablemos sobre cómo dominar el modo manual. Claro, puede parecer intimidante al principio, pero créame, una vez que lo domine, se preguntará por qué alguna vez confió en el modo automático en primer lugar.

Primero, hablemos de la apertura. Piense en ello como la puerta de entrada para controlar la profundidad de campo. Una apertura más amplia (número f más bajo) le brindará ese efecto de fondo borroso y de ensueño, perfecto para retratos y primeros planos. Por otro lado, una apertura más pequeña (número f más alto) le brindará una mayor profundidad de campo, manteniendo una mayor parte de la escena enfocada. Juega con diferentes aperturas para ver cómo afectan tus fotos.

A continuación, abordemos la velocidad de obturación. Este se trata de capturar el movimiento. Una velocidad de obturación rápida congelará la acción, ideal para fotografías de deportes o vida silvestre, mientras que una velocidad de obturación lenta creará un desenfoque de movimiento, perfecto para capturar el agua que fluye o los rayos de las luces de los automóviles por la noche. Solo recuerde, cuanto más tiempo esté abierto el obturador, más luz llegará al sensor, por lo que es posible que deba ajustar el resto de configuraciones en consecuencia.

Y finalmente, hablemos de ISO. ISO mide la sensibilidad del sensor de su cámara a la luz. Un ISO más bajo (como 100 o 200) es mejor para días soleados y brillantes, mientras que un ISO más alto (como 800 o 1600) es mejor para situaciones de poca luz. Pero ten cuidado con esos ISO altos, ya que pueden introducir ruido en tus fotos.

Ahora, aquí es donde se vuelve divertido: juntarlo todo. Dominar el modo manual consiste en encontrar el equilibrio perfecto entre apertura, velocidad de obturación e ISO para cada toma. Puede que requiera algo de práctica, pero créame, vale la pena por el nivel de control y creatividad que le brinda.

Ah, y una cosa más: ¡no te olvides del balance de blancos! Puede que no parezca tan llamativo como otras configuraciones, pero lograr el balance de blancos correcto puede marcar una gran diferencia en la apariencia general de sus fotografías.

¡Así que ahí lo tienen amigos! Dominar el modo manual consiste en comprender cómo la apertura, la velocidad de obturación, el ISO y el balance de blancos trabajan juntos para crear la exposición perfecta. ¡Así que adelante, apaga el modo automático y comienza a experimentar! Te sorprenderá lo que puedes lograr una vez que tomes el control de tu cámara.

Técnicas de composición: regla de los tercios, líneas principales, encuadre

Muy bien, seamos creativos y hablemos de técnicas de composición. La composición es como la salsa secreta que puede convertir una buena foto en una excelente. Y por suerte para ti, existen algunas técnicas probadas y verdaderas que pueden ayudarte a llevar tus composiciones al siguiente nivel.

Primero, tenemos la regla de los tercios. Éste es un clásico. Imagina dividir tu marco en nueve partes iguales con dos líneas horizontales y dos verticales. La regla de los tercios sugiere que colocar al sujeto a lo largo de estas líneas o en los puntos donde se cruzan puede crear una composición visualmente más atractiva. Se trata de añadir equilibrio e interés a tu foto.

A continuación, hablemos de las líneas principales. Las líneas principales son exactamente lo que parecen: líneas en tu foto que dirigen la atención del espectador hacia el sujeto principal. Estas líneas pueden ser cualquier cosa, desde carreteras y caminos hasta vallas y ramas de árboles. Al utilizar líneas guía, puedes guiar la mirada del espectador a través de tu foto y crear una sensación de profundidad y movimiento.

Y finalmente, hablemos del encuadre. El encuadre consiste en utilizar elementos dentro de la escena para enmarcar al sujeto y llamar la atención sobre él. Esto podría ser cualquier cosa, desde un marco natural como un arco o una ventana hasta un marco hecho por el hombre como una puerta o un marco de cuadro. Al enmarcar al sujeto, puede agregar contexto e interés visual a su foto y, al mismo tiempo, ayudar a dirigir el enfoque del espectador.

Ahora viene la parte divertida: combinar estas técnicas para crear composiciones que realmente destaquen. Intente colocar al sujeto descentrado usando la regla de los tercios, luego use líneas principales para guiar la mirada del espectador hacia él y finalmente encuadre toda la escena para agregar profundidad y contexto. Experimente con diferentes combinaciones y vea cuál funciona mejor para sus fotos.

¡Así que ahí lo tienen amigos! Técnicas de composición como la regla de los tercios, las líneas principales y el encuadre son herramientas poderosas que pueden ayudarte a llevar tu fotografía al siguiente nivel. ¡Así que adelante, sal y comienza a componer esas obras maestras!

Conceptos básicos de iluminación: luz natural versus luz artificial

Arrojemos un poco de luz sobre la importancia de la iluminación en la fotografía. Ya sea que esté tomando retratos, paisajes o cualquier otra cosa, comprender cómo trabajar con diferentes tipos de luz puede marcar una gran diferencia en sus fotografías.

En primer lugar, hablemos de la luz natural. Ah, la luz natural, la mejor amiga del fotógrafo (la mayor parte de las veces). La luz natural se refiere a cualquier fuente de luz que no sea artificial, como el sol o la luna. Es dinámico, está en constante cambio y puede crear efectos realmente sorprendentes. Cuando fotografíes en exteriores, presta atención a la calidad de la luz en los distintos momentos del día. Las primeras horas de la mañana y las últimas horas de la tarde, a menudo denominadas horas doradas, pueden emitir un brillo cálido y suave que es perfecto para retratos y paisajes. El sol del mediodía, por otro lado, puede ser duro y poco favorecedor, proyectando sombras profundas y apagando las luces. Los días nublados pueden proporcionar una iluminación suave y uniforme, ideal para retratos y fotografías macro. Y no se olvide del crepúsculo, ese momento mágico justo antes del amanecer o después del atardecer cuando el cielo se llena de tonos ricos y coloridos.

Ahora, hablemos de la luz artificial. La luz artificial se refiere a cualquier fuente de luz que sea artificial, como lámparas, flashes o luces de estudio. A diferencia de la luz natural, la luz artificial es constante y controlable, lo que la hace ideal para tomas en interiores o situaciones en las que se necesita más control sobre las condiciones de iluminación. Las luces de estudio, por ejemplo, se pueden ajustar para crear una luz suave y difusa o una luz intensa y espectacular, según el efecto deseado. Y no subestimes el poder de una buena lámpara de escritorio o una linterna antigua para crear interesantes efectos de iluminación en tus fotografías.

Entonces, ¿qué es mejor, la luz natural o la luz artificial? Bueno, eso depende de la situación. La luz natural es hermosa y versátil, pero también es impredecible y puede resultar difícil trabajar con ella en determinadas condiciones. La luz artificial, por otro lado, es consistente y controlable, pero también puede llevar más tiempo y requerir equipo adicional. En última instancia, la mejor luz es la que le ayuda a lograr el aspecto deseado para sus fotografías, así que no tema experimentar con luz natural y artificial para ver cuál funciona mejor para usted.

¡Así que ahí lo tienen amigos! La iluminación es un elemento crucial en la fotografía, ya sea que trabajes con luz natural, luz artificial o una combinación de ambas. Así que presta atención a la luz que te rodea, experimenta con diferentes técnicas de iluminación y ¡no temas ser creativo!

Comprender la exposición: equilibrar la luz y la sombra

Muy bien, arrojemos algo de luz sobre la exposición (¡juego de palabras!). La exposición se trata de encontrar el equilibrio perfecto entre luces y sombras en tus fotografías. Hazlo bien y tus imágenes cantarán. Si lo haces mal, bueno, digamos que es posible que tus fotos no salgan como esperabas.

En primer lugar, hablemos de lo básico. La exposición está determinada por tres factores principales: apertura, velocidad de obturación e ISO. La apertura controla la cantidad de luz que pasa a través de la lente, la velocidad de obturación dicta cuánto tiempo está expuesto el sensor de la cámara a la luz y el ISO mide la sensibilidad del sensor de la cámara a la luz. Comprender cómo funcionan juntos estos tres elementos es clave para lograr fotografías bien expuestas.

Ahora, hablemos de equilibrar la luz y la sombra. El objetivo es capturar detalles tanto en las luces más brillantes como en las sombras más oscuras de la escena. Esto puede ser complicado, especialmente en situaciones de alto contraste como un día soleado con sombras profundas, pero con un poco de práctica y conocimientos, puedes lograrlo.

Una técnica para equilibrar la luz y las sombras es la compensación de exposición. La mayoría de las cámaras tienen una función que le permite ajustar manualmente la exposición para que sus fotografías sean más brillantes o más oscuras. Si su escena es demasiado brillante y está perdiendo detalles en las luces, reducir la exposición puede ser útil. Por el contrario, si tu escena es demasiado oscura y estás perdiendo detalles en las sombras, aumentar la exposición puede resaltar más detalles.

Otra técnica es la fotografía HDR (alto rango dinámico). HDR implica tomar múltiples exposiciones de la misma escena en diferentes niveles de exposición y luego combinarlas en el posprocesamiento para crear una sola imagen con detalles tanto en las luces como en las sombras. Es un poco más avanzado y requiere software adicional, pero puede ser una herramienta poderosa para capturar escenas con una amplia gama de niveles de brillo.

Y no nos olvidemos de aprovechar la luz natural o artificial a tu favor. A veces, todo lo que se necesita es un reflector bien colocado o un flash estratégicamente colocado para rellenar esas molestas sombras y equilibrar la exposición.

¡Así que ahí lo tienen amigos! Equilibrar la luz y las sombras consiste en comprender la exposición y utilizar técnicas como la compensación de la exposición, la fotografía HDR y la iluminación estratégica para capturar detalles tanto en las luces más brillantes como en las sombras más oscuras de la escena. ¡Así que adelante, experimenta con diferentes técnicas y descubre cuál funciona mejor para tus fotos!

Capturar movimiento: consejos para la fotografía de acción

Muy bien, ¡pongámonos en movimiento y hablemos de fotografía de acción! Ya sea que estés capturando atletas en medio de una competencia o vida silvestre en su hábitat natural, dominar el arte de capturar movimiento puede llevar tus fotografías al siguiente nivel.

Primero lo primero, hablemos de la velocidad de obturación. Cuando se trata de fotografía de acción, una velocidad de obturación rápida es tu mejor amiga. Le permite congelar el movimiento y capturar esos momentos de fracciones de segundo con claridad y precisión. Para la mayoría de las tomas de acción, querrás utilizar una velocidad de obturación de al menos 1/500 de segundo o más rápida. Esto asegurará que los sujetos estén nítidos y enfocados, incluso cuando se muevan a altas velocidades.

A continuación, hablemos sobre el seguimiento de su sujeto. Esto es especialmente importante al fotografiar sujetos que se mueven rápidamente, como automóviles, atletas o vida salvaje. Mantenga el punto de enfoque de su cámara en el sujeto y realice panorámicas suaves con él mientras se mueve. Esto le ayudará a mantener al sujeto nítido y enfocado mientras difumina el fondo, creando una sensación de velocidad y movimiento en sus fotografías.

Y hablando de fondo, presta atención a lo que hay detrás del sujeto. Un fondo desordenado o que distraiga puede restarle impacto a tu toma de acción. Busque fondos limpios y ordenados que permitan que el sujeto se destaque y ocupe un lugar central.

Ahora, hablemos de encuadre y composición. Al fotografiar acción, intente anticipar el movimiento del sujeto y ubíquese en consecuencia. Utilice líneas principales o la regla de los tercios para crear composiciones dinámicas que atraigan la atención del espectador hacia la acción. Y no tengas miedo de experimentar con diferentes ángulos y perspectivas para capturar tomas únicas e interesantes.

Y por último, no te olvides del tiempo. El tiempo lo es todo en la fotografía de acción. Mantenga el dedo en el botón del obturador y prepárese para capturar el momento decisivo cuando se presente. A veces, sólo se necesita una fracción de segundo para capturar la foto perfecta, así que tenga paciencia y manténgase concentrado.

¡Así que ahí lo tienen amigos! Capturar movimiento consiste en usar una velocidad de obturación rápida, seguir al sujeto, prestar atención al fondo, encuadrar la toma de manera efectiva y sincronizar el disparador en el momento adecuado. ¡Así que toma tu cámara, sal y comienza a capturar esos momentos llenos de acción!

Fotografía de retrato: pose y comunicación.

Sumerjámonos en el mundo de la fotografía de retratos, donde capturar la esencia del sujeto es clave. La pose y la comunicación desempeñan papeles vitales a la hora de crear retratos impresionantes que realmente resuenan en los espectadores.

En primer lugar, hablemos de posar. Posar puede hacer o deshacer un retrato, por lo que es esencial guiar al sujeto hacia posiciones naturales y favorecedoras. Empiece por hacer que el sujeto se sienta cómodo y relajado. Anímelos a pararse o sentarse de una manera que les resulte natural, evitando posturas rígidas o incómodas. Preste atención a su lenguaje corporal y expresiones faciales, y realice ajustes sutiles según sea necesario para mejorar su postura y apariencia general.

Cuando se trata de posar, menos es más. En lugar de posar rígidamente al sujeto, concéntrate en capturar su personalidad y carácter. Anímelos a interactuar con su entorno, ya sea a través del movimiento, la expresión o el gesto. Los momentos sinceros a menudo pueden dar como resultado los retratos más auténticos y convincentes, así que no temas dejar que la personalidad del sujeto brille.

La comunicación es otro aspecto crucial de la fotografía de retrato. Establecer una buena relación con el sujeto es clave para crear una atmósfera relajada y agradable durante la sesión. Tómate el tiempo para conocer a tu sujeto, preguntarle sobre sus intereses y pasiones, y escuchar sus ideas y preferencias. Establecer confianza y simpatía no sólo hará que el sujeto se sienta más cómodo frente a la cámara, sino que también permitirá retratos más genuinos y significativos.

Durante la sesión, comuníquese de forma clara y eficaz con el sujeto. Ofrezca orientación y dirección amables cuando sea necesario, brindándoles comentarios y aliento para ayudarlos a sentirse seguros y tranquilos. Esté abierto a la colaboración y la experimentación, permitiendo que el sujeto se exprese creativamente y contribuya con sus propias ideas a la sesión.

Por último, no olvides mantener abiertas las líneas de comunicación incluso después del rodaje. Comparta su visión e ideas con su sujeto e invítelo a brindar comentarios sobre las imágenes finales. Construir una relación de colaboración con el sujeto puede generar retratos más satisfactorios e impactantes a largo plazo.

¡Así que ahí lo tienen amigos! La fotografía de retrato es algo más que capturar una imagen: se trata de conectarse con el sujeto en un nivel más profundo y crear imágenes que reflejen su personalidad y espíritu únicos. Así que toma tu cámara, establece una buena relación con el sujeto y deja que su esencia brille en tus retratos.

Fotografía de paisajes: encontrar la toma perfecta

Embárcate en una aventura por el mundo de la fotografía de paisajes, donde captar la belleza de la naturaleza es nuestro objetivo final. Encontrar la toma perfecta en medio de vastos paisajes requiere paciencia, creatividad y buen ojo para los detalles.

En primer lugar, explorar ubicaciones es clave. Explora diferentes áreas, tanto familiares como nuevas, para descubrir paisajes únicos que te inspiran. Considere factores como la iluminación, las condiciones climáticas y la hora del día al planificar su sesión. El amanecer y el atardecer suelen proporcionar la iluminación más impresionante para la fotografía de paisajes, proyectando tonos cálidos y dorados en el paisaje y creando sombras y luces espectaculares.

Una vez que haya encontrado su ubicación, tómese el tiempo para estudiar la escena e identificar posibles puntos focales. Busque características interesantes como formaciones rocosas, árboles, cascadas o caminos sinuosos que puedan servir como anclajes visuales en su composición. Considere los elementos de primer plano, medio plano y fondo para crear profundidad y dimensión en sus fotografías.

La composición es crucial en la fotografía de paisajes. Experimente con diferentes técnicas como la regla de los tercios, las líneas principales y el encuadre para crear composiciones visualmente atractivas. Preste atención al equilibrio de los elementos dentro del marco y esfuércese por crear una sensación de armonía y equilibrio en sus fotografías.

No tengas miedo de ser creativo con tus perspectivas. Experimente con diferentes ángulos, alturas y puntos de vista para encontrar la composición más cautivadora. A veces, agacharse o subir a un terreno más alto puede transformar completamente una escena y ofrecer una nueva perspectiva.

La paciencia es una virtud en la fotografía de paisajes. La madre naturaleza no siempre coopera, así que prepárate para esperar el momento perfecto para capturar tu foto. Sea paciente y observador, y prepárese para aprovechar la oportunidad cuando la luz y las condiciones se alineen correctamente.

Por último, no olvides sumergirte en el momento y conectar con la belleza del paisaje. Permítase estar presente y experimentar plenamente las impresionantes maravillas de la naturaleza. Su pasión y aprecio por el paisaje brillarán en sus fotografías, creando imágenes que resuenan en los espectadores a un nivel más profundo.

¡Ahí lo tenéis, aventureros! La fotografía de paisajes consiste en abrazar la belleza de la naturaleza, explorar nuevos horizontes y capturar la magia del mundo que nos rodea. Así que toma tu cámara, aventúrate al aire libre y deja que los paisajes inspiren tu creatividad.

Fotografía macro: explorando los detalles

Embárcate en un viaje al fascinante mundo de la fotografía macro, donde hasta los detalles más pequeños se vuelven extraordinarios. La fotografía macro nos permite explorar la intrincada belleza del mundo que nos rodea, capturando sujetos de cerca y revelando detalles impresionantes que de otro modo pasarían desapercibidos.

En primer lugar, hablemos de equipamiento. Una lente macro dedicada es esencial para capturar imágenes nítidas y detalladas de sujetos pequeños. Estos lentes están diseñados para enfocar a distancias cortas y proporcionan un alto nivel de aumento, lo que le permite capturar hasta los detalles más pequeños con claridad y precisión. Si no tiene una lente macro, también puede usar tubos de extensión o filtros para primeros planos para lograr resultados similares a los de la lente macro.

La iluminación es otro aspecto crucial de la fotografía macro. Dado que trabajará con sujetos pequeños y distancias cercanas, incluso los movimientos más leves pueden provocar un desenfoque de movimiento. Para garantizar imágenes nítidas y claras, utilice un trípode para estabilizar la cámara y un disparador remoto o un temporizador para minimizar el movimiento de la cámara. Considere la posibilidad de utilizar iluminación difusa o indirecta para suavizar las sombras marcadas y resaltar los detalles intrincados del sujeto.

Cuando se trata de composición, piense fuera de lo común. Explore diferentes ángulos, perspectivas y técnicas de encuadre para crear imágenes visualmente atractivas. Experimente con poca profundidad de campo para aislar al sujeto y crear una sensación de profundidad y dimensión en sus fotografías. Preste atención a los patrones, texturas y formas del tema y busque oportunidades para resaltar estos detalles en su composición.

La paciencia es clave en la fotografía macro. Los sujetos pequeños pueden ser esquivos e impredecibles, así que prepárate para dedicar tiempo a observar y esperar el momento perfecto para capturar la foto. Tómate tu tiempo para explorar las complejidades del tema, experimentando con diferentes composiciones y perspectivas hasta que encuentres el equilibrio perfecto entre forma y detalle.

¡Y no olvides divertirte! La fotografía macro ofrece infinitas oportunidades de exploración y descubrimiento, permitiéndote ver el mundo de una manera completamente nueva. Acepta el desafío de capturar la belleza de sujetos a pequeña escala y deja volar tu creatividad.

¡Ahí lo tenéis, aventureros! La fotografía macro nos invita a explorar los detalles del mundo que nos rodea, revelando la belleza oculta en los sujetos más pequeños. Así que toma tu cámara, aventúrate en el microcosmos y deja que los intrincados detalles inspiren tu creatividad.

Fotografía callejera: navegar éticamente por los espacios públicos

Salgamos a la calle y exploremos el vibrante mundo de la fotografía callejera, donde cada rincón guarda una historia esperando ser contada. Pero antes de sumergirnos en capturar momentos sinceros en espacios públicos, es importante considerar las implicaciones y responsabilidades éticas que conlleva este género de fotografía.

En primer lugar, respete la privacidad y la dignidad de sus súbditos. Al fotografiar personas en espacios públicos, pregúntese siempre si su presencia y su cámara podrían incomodarlos o invadir su privacidad. Si alguien expresa malestar o pide explícitamente no ser fotografiado, respeta sus deseos y sigue adelante. Recuerde, las personas no son accesorios ni objetos para sus fotografías: son individuos con sus propias vidas e historias.

Sea consciente de las sensibilidades culturales y las normas sociales. Diferentes culturas tienen diferentes actitudes hacia la fotografía y lo que puede ser aceptable en un contexto puede resultar ofensivo o intrusivo en otro. Tómate el tiempo para informarte sobre las normas culturales y sociales de las comunidades que estás fotografiando y acércate a tus sujetos con sensibilidad y respeto.

Considere el contexto en el que está fotografiando. Los espacios públicos son espacios compartidos y toda persona tiene derecho a sentirse segura y cómoda en su entorno. Sea consciente de su entorno y de cómo su presencia podría afectar a las personas que le rodean. Evite fotografiar sujetos sensibles o vulnerables sin su consentimiento y tenga siempre en cuenta las posibles consecuencias de sus acciones.

Sea transparente sobre sus intenciones como fotógrafo. Si alguien te pregunta qué estás haciendo o por qué le estás tomando una foto, sé honesto y respetuoso en tu respuesta. Generar confianza y simpatía con los sujetos puede ser de gran ayuda para crear fotografías callejeras auténticas y significativas.

Y finalmente, considere las implicaciones éticas de compartir sus fotografías. Pregúntese si sus fotografías representan con precisión a las personas y comunidades que está fotografiando y si compartirlas tiene un propósito legítimo. Tenga en cuenta el impacto potencial que sus fotografías pueden tener en la vida de sus sujetos y obtenga siempre el consentimiento antes de compartir imágenes de personas identificables.

En resumen, la fotografía callejera es algo más que capturar imágenes convincentes: se trata de navegar en espacios públicos de manera ética y responsable, respetar la dignidad y la privacidad de los sujetos y utilizar la cámara como herramienta para contar historias y conectarse. Así que sal a la calle con empatía, curiosidad y respeto, y deja que las historias de la ciudad se desarrollen ante tu lente.

Fotografía de eventos: capturar momentos con gracia

Entremos en el dinámico mundo de la fotografía de eventos, donde cada clic del obturador tiene el potencial de congelar un momento en el tiempo y preservar recuerdos preciados. Ya sea una boda, una fiesta de cumpleaños o un evento corporativo, la fotografía de eventos consiste en capturar la esencia y la atmósfera de la ocasión con gracia y delicadeza.

Ante todo, aborde cada evento con una actitud positiva y profesional. Como fotógrafo de eventos, no eres sólo un documentalista; También eres un narrador y tienes la tarea de capturar las emociones, las interacciones y los momentos especiales que se desarrollan a lo largo del evento. Esté preparado para adaptarse a diferentes situaciones y entornos, y esfuércese siempre por mantener una conducta tranquila y serena, incluso en medio del caos.

La comunicación es clave en la fotografía de eventos. Antes de que comience el evento, tómese el tiempo para reunirse con sus clientes u organizadores del evento para discutir sus expectativas, preferencias y cualquier toma específica que deseen capturar. Establecer líneas claras de comunicación y comprensión garantizará que pueda entregar fotografías que satisfagan sus necesidades y superen sus expectativas.

Durante el evento, sea proactivo y comprometido. Anticipe los momentos clave y prepárese para capturarlos a medida que suceden. Busque interacciones sinceras, emociones genuinas y momentos espontáneos de alegría o celebración. No temas ser creativo con tus composiciones y perspectivas, pero siempre prioriza capturar la esencia y la atmósfera del evento en tus fotografías.

Sea respetuoso con los límites y la privacidad de sus sujetos. Si bien es importante capturar momentos auténticos y sinceros, es igualmente importante hacerlo de una manera que respete la dignidad y la privacidad de las personas que estás fotografiando. Evite inmiscuirse en momentos íntimos o personales y obtenga siempre el consentimiento antes de tomar primeros planos o fotografías espontáneas de personas.

Después del evento, tómate el tiempo para seleccionar y editar cuidadosamente tus fotografías. Elija las mejores imágenes que cuenten la historia del evento y muestren las emociones y los aspectos más destacados del día. Preste atención a la corrección de color, la exposición y la composición para garantizar que sus fotografías sean de la más alta calidad y reflejen el espíritu del evento.

En resumen, la fotografía de eventos es algo más que simplemente tomar fotografías: se trata de capturar momentos con gracia, sensibilidad y profesionalismo. Al abordar cada evento con empatía, comunicación y respeto por los sujetos, podrá crear fotografías que no solo documenten la ocasión sino que también preserven los recuerdos y emociones que la hacen especial.

Fotografía de arquitectura: resaltando el diseño y el detalle

Bienvenido al mundo de la fotografía arquitectónica, donde cada edificio cuenta una historia y cada detalle dice mucho sobre la creatividad y la visión de su diseñador. La fotografía de arquitectura consiste en capturar la belleza, la forma y la funcionalidad de los edificios de una manera que resalte su diseño y detalle únicos.

En primer lugar, tómate el tiempo para estudiar y comprender la arquitectura que estás fotografiando. Preste atención a las líneas, formas y texturas del edificio, así como a su estética y propósito generales. Considere las intenciones del arquitecto y el contexto en el que se diseñó el edificio y esfuércese por capturar estos elementos en sus fotografías.

La iluminación juega un papel crucial en la fotografía de arquitectura. Presta atención a la dirección y la calidad de la luz, así como a la hora del día, al planificar tu sesión. La luz suave y difusa puede ayudar a resaltar los detalles y las texturas del edificio, mientras que la luz intensa y directa puede crear sombras y contrastes espectaculares. Experimente con diferentes condiciones de iluminación para encontrar los efectos más favorecedores e impactantes para sus fotografías.

La composición es clave en la fotografía de arquitectura. Busque ángulos, perspectivas y puntos estratégicos interesantes que muestren el edificio con su mejor luz. Considere la posibilidad de utilizar líneas principales, simetría y técnicas de encuadre para crear composiciones dinámicas y visualmente atractivas. Preste atención al equilibrio y la simetría de los elementos del edificio y esfuércese por crear composiciones que sean estéticamente agradables e intelectualmente estimulantes.

Al fotografiar detalles arquitectónicos, no tenga miedo de acercarse y ser personal. Acérquese a patrones, texturas y materiales complejos para capturar el carácter único y la artesanía del edificio. Busque oportunidades para resaltar características interesantes como ventanas, puertas, columnas y fachadas, y experimente con diferentes distancias focales y aperturas para crear profundidad y dimensión en sus fotografías.

Y por último, no te olvides del posprocesamiento. Utilice software de edición para perfeccionar sus imágenes, ajustando el equilibrio de color, el contraste y la exposición para realzar la belleza y el impacto de la arquitectura. Preste atención a detalles como la corrección de la perspectiva y la distorsión de la lente, y busque un acabado limpio y pulido que resalte el diseño y los detalles arquitectónicos.

En resumen, la fotografía de arquitectura es algo más que tomar fotografías de edificios: se trata de capturar la esencia y el espíritu de la arquitectura de una manera que resalte su belleza, forma y funcionalidad. Al prestar atención a la iluminación, la composición y los detalles, y al abordar cada edificio con curiosidad, creatividad y respeto, podrá crear fotografías que no solo documenten la arquitectura sino que también celebren su carácter y significado únicos.

Fotografía de viajes: documentando sus aventuras

Bienvenido al apasionante mundo de la fotografía de viajes, donde cada destino es una nueva oportunidad para capturar la belleza, la cultura y el espíritu de los lugares que visitas. Ya sea que esté explorando paisajes exóticos, sumergiéndose en ciudades vibrantes o experimentando nuevas culturas, la fotografía de viajes le permite documentar sus aventuras y compartir sus experiencias con el mundo.

En primer lugar, sumérgete en el momento y abraza el espíritu de aventura. La fotografía de viajes no se trata sólo de tomar fotografías: se trata de contar historias y capturar la esencia de su viaje. Sea curioso, de mente abierta y esté dispuesto a explorar nuevos lugares y culturas con una sensación de asombro y emoción.

Al planificar sus aventuras fotográficas de viajes, tómese el tiempo para investigar sus destinos e identificar puntos clave de interés. Considere los lugares emblemáticos, las maravillas naturales y las atracciones culturales que desea fotografiar, así como las gemas escondidas y los lugares fuera de lo común que ofrecen oportunidades únicas para la exploración y el descubrimiento.

La iluminación es crucial en la fotografía de viajes. Presta atención a la calidad y dirección de la luz, así como a la hora del día, al planificar tus sesiones. Las primeras horas de la mañana y las últimas horas de la tarde suelen denominarse horas doradas, ya que ofrecen una luz suave y cálida ideal para la fotografía. Sin embargo, no tengas miedo de experimentar con diferentes condiciones de iluminación y técnicas de fotografía para capturar el estado de ánimo y la atmósfera de cada lugar.

La composición es clave en la fotografía de viajes. Busque ángulos, perspectivas y puntos estratégicos interesantes que muestren la belleza y la singularidad de su entorno. Utilice líneas principales, simetría y técnicas de encuadre para crear composiciones visualmente atractivas que atraigan la atención del espectador hacia la escena.

No olvides capturar los pequeños momentos y detalles que hacen que cada destino sea especial. Ya sea un mercado callejero local, un colorido mural callejero o una ceremonia cultural tradicional, estos pequeños momentos a menudo pueden contar las historias más convincentes y evocar las emociones más fuertes en sus fotografías.

Por último, no tengas miedo de experimentar y divertirte con tu fotografía. La fotografía de viajes se trata de aceptar lo inesperado y aprovechar el momento, así que no temas salir de tu zona de confort y probar cosas nuevas. Confía en tus instintos, sigue tu pasión y deja que tu creatividad te guíe mientras documentas tus aventuras y compartes tus historias con el mundo.

En resumen, la fotografía de viajes es algo más que simplemente tomar fotografías: se trata de capturar la magia de tus aventuras y compartir tus experiencias con los demás. Al sumergirte en el momento, abrazar el espíritu de aventura y acercarte a cada destino con curiosidad, creatividad y respeto, podrás crear fotografías que no solo documenten tus viajes sino que también inspiren a otros a explorar el mundo que los rodea.

Fotografía de vida silvestre: observación respetuosa y seguridad

Bienvenido al apasionante mundo de la fotografía de vida silvestre, donde cada encuentro con la naturaleza es una oportunidad para capturar la belleza y majestuosidad del reino animal. Pero las grandes oportunidades conllevan grandes responsabilidades, especialmente cuando se trata de respetar la vida silvestre y garantizar su propia seguridad.

En primer lugar, priorice el bienestar y la seguridad de los animales que fotografíe. Recuerde que usted es un huésped en su hábitat natural y su presencia no debe causarles estrés o daño indebido. Mantenga una distancia segura con los animales salvajes y evite molestarlos o provocarlos de cualquier forma. Utilice un teleobjetivo para capturar primeros planos desde la distancia sin invadir su espacio.

Sea paciente y observador. La fotografía de vida silvestre requiere tiempo y paciencia, así como un buen ojo para los detalles y el comportamiento. Tómese el tiempo para observar a sus sujetos desde la distancia y aprender sus hábitos y rutinas. Busque oportunidades para capturar comportamientos e interacciones naturales, en lugar de intentar escenificar o manipular la escena.

Respetar las áreas protegidas y las regulaciones de vida silvestre. Muchos hábitats naturales están protegidos por ley, y perturbar o dañar la vida silvestre en estas áreas puede tener consecuencias graves. Familiarícese con las regulaciones y pautas locales para la fotografía de vida silvestre y sígalas siempre al pie de la letra.

Practica técnicas de fotografía ética. Evite el uso de cebos, llamadas u otros métodos para atraer o manipular la vida silvestre por el bien de una fotografía. Respete los límites y limitaciones establecidos por las organizaciones de conservación de la vida silvestre y las pautas éticas de fotografía. Recuerda que el bienestar de los animales siempre debe ser lo primero.

Mantente a salvo en todo momento. La fotografía de vida silvestre puede ser estimulante, pero también peligrosa si no se toman las precauciones adecuadas. Esté consciente de su entorno y de los peligros potenciales, como terreno empinado, clima impredecible o animales agresivos. Mantenga siempre una distancia segura de la vida silvestre y nunca se acerque ni intente tocarla.

En resumen, la fotografía de vida silvestre es una actividad emocionante y gratificante, pero también conlleva grandes responsabilidades. Al respetar la vida silvestre, practicar técnicas de fotografía éticas y priorizar la seguridad en todo momento, puedes capturar imágenes impresionantes mientras garantizas el bienestar de los animales y el tuyo propio. Así que toma tu cámara, aventúrate en la naturaleza y deja que la belleza de la naturaleza inspire tu fotografía.

Conceptos básicos de edición: mejorar tus fotos

Bienvenido al mundo de la edición de fotografías, donde puedes hacer que tus fotografías pasen de ser buenas a excelentes con solo unos pocos ajustes y modificaciones. Ya seas un principiante o un profesional experimentado, dominar los conceptos básicos de la edición de fotografías puede ayudarte a mejorarlas y aprovechar todo su potencial.

Lo primero es lo primero: elija el software de edición adecuado para sus necesidades. Existen muchas opciones, desde simples aplicaciones para teléfonos inteligentes hasta potentes programas de escritorio. Experimente con diferentes software hasta que encuentre uno que se adapte a su flujo de trabajo y ofrezca las funciones que necesita para lograr los resultados deseados.

Una vez que haya elegido su software de edición, familiarícese con sus herramientas y funciones básicas. La mayoría del software de edición ofrecerá herramientas para ajustar la exposición, el contraste, el equilibrio de color y la nitidez, así como funciones más avanzadas como edición selectiva y retoque. Tómese el tiempo para explorar estas herramientas y experimentar con diferentes ajustes para ver cómo afectan sus fotografías.

Cuando se trata de edición, menos es más. Resista la tentación de exagerar con los filtros y efectos y, en cambio, concéntrese en realizar ajustes sutiles y de apariencia natural que mejoren la apariencia general de sus fotografías. Preste atención a detalles como la exposición, el equilibrio del color y la composición, y esfuércese por crear una imagen equilibrada y armoniosa.

Comience por realizar ajustes globales en toda la imagen, como ajustar la exposición y el contraste para resaltar los detalles en las sombras y las luces. Luego, pase a ajustes más específicos, como ajustar colores o tonos individuales para crear un estado de ánimo o atmósfera específica.

No tengas miedo de experimentar y probar cosas nuevas. La edición es un proceso creativo y no existe una única forma correcta de hacerlo. Confía en tus instintos y deja que tu creatividad te guíe mientras exploras diferentes técnicas y efectos.

Y finalmente, no olvide guardar sus ediciones como un archivo nuevo o hacer una copia de seguridad de su foto original antes de comenzar a editar. De esta manera, siempre podrás volver al original si no estás satisfecho con los resultados o si quieres probar un enfoque diferente.

En resumen, la edición de fotografías es una herramienta poderosa para mejorar tus fotografías y aprovechar todo su potencial. Si domina los conceptos básicos del software de edición, experimenta con diferentes ajustes y efectos y confía en sus instintos creativos, podrá llevar sus fotografías al siguiente nivel y crear imágenes impresionantes que realmente se destacan. Así que toma tu cámara, comienza a disparar y deja que tu creatividad brille en tus ediciones.

Introducción al software de edición de fotografías

Bienvenido al mundo del software de edición de fotografías, donde tienes el poder de transformar tus fotografías y dar rienda suelta a tu creatividad. Ya sea un principiante que busca mejorar sus instantáneas o un profesional experimentado que busca la perfección, el software de edición de fotografías ofrece una amplia gama de herramientas y funciones para ayudarlo a lograr su visión.

El software de edición de fotografías viene en muchas formas y tamaños, desde simples aplicaciones móviles hasta sofisticados programas de escritorio. Algunas opciones populares incluyen Adobe Photoshop, Adobe Lightroom, Capture One, GIMP y Affinity Photo, entre otras. Cada software tiene sus propias características y capacidades únicas, por lo que es importante elegir uno que se ajuste a sus necesidades y preferencias.

Básicamente, el software de edición de fotografías le permite realizar una amplia gama de ajustes en sus fotografías, incluida la exposición, el equilibrio de color, el contraste, la nitidez y más. También puede recortar y enderezar sus imágenes, eliminar objetos o imperfecciones no deseados y aplicar efectos y filtros creativos para mejorar la apariencia general de sus fotografías.

Una de las ventajas clave del software de edición de fotografías es su flujo de trabajo de edición no destructivo. Esto significa que su foto original permanece intacta y todas las ediciones se aplican a una capa o archivo separado, lo que le permite volver al original en cualquier momento. Esto te da la libertad de experimentar y probar cosas nuevas sin preocuparte por arruinar tu imagen original.

La mayoría del software de edición de fotografías también ofrece potentes herramientas de organización y gestión del flujo de trabajo, lo que le permite importar, organizar y categorizar sus fotografías con facilidad. Puede crear carpetas y álbumes personalizados, agregar palabras clave y metadatos a sus imágenes e incluso procesar por lotes varias fotos a la vez para ahorrar tiempo y optimizar su flujo de trabajo.

Ya seas un aficionado o un fotógrafo profesional, dominar el software de edición de fotografías es una habilidad esencial que puede llevar tus fotografías al siguiente nivel. Si se familiariza con las herramientas y funciones del software elegido, experimenta con diferentes técnicas y efectos y confía en sus instintos creativos, podrá desbloquear todo el potencial de sus fotografías y crear imágenes impresionantes que realmente se destacan.

Entonces, ya sea que estés editando en tu computadora o mientras viajas con tu teléfono inteligente, ¡sumérgete en el mundo del software de edición de fotografías y da rienda suelta a tu creatividad hoy!

Comprender la corrección de color y el balance de blancos

Muy bien, hablemos de la corrección de color y el balance de blancos, dos aspectos esenciales de la edición de fotografías que pueden marcar una gran diferencia en la apariencia de tus fotografías. Básicamente, la corrección de color es como ajustar los colores de una imagen para que parezcan lo más naturales y realistas posible. ¿Y el balance de blancos? Bueno, se trata de asegurarte de que los blancos de tu foto realmente se vean blancos, sin importar el tipo de condiciones de iluminación en las que tomes la foto.

Entonces, ¿por qué es importante la corrección de color? Bueno, ¿alguna vez tomaste una foto y notaste que los colores lucen un poco apagados? Quizás los verdes estén demasiado saturados o los azules parezcan demasiado fríos. Ahí es donde entra en juego la corrección de color. Al ajustar los niveles de diferentes colores en su imagen, puede crear un resultado más equilibrado y visualmente agradable.

Ahora, hablemos del balance de blancos. ¿Alguna vez tomaste una foto en el interior y notaste que todo se ve un poco anaranjado? O tal vez tomaste una foto afuera en un día nublado y todo se ve demasiado azul. Esto se debe a que diferentes condiciones de iluminación pueden afectar la temperatura del color de tus fotografías. El balance de blancos le permite ajustar la temperatura del color de su imagen para asegurarse de que los blancos parezcan blancos, independientemente de las condiciones de iluminación.

La mayoría del software de edición de fotografías ofrecerá herramientas y ajustes preestablecidos para la corrección de color y el balance de blancos, lo que facilitará el ajuste de los colores y tonos de sus imágenes con solo unos pocos clics. Experimente con diferentes configuraciones y ajustes hasta que encuentre el equilibrio adecuado para su foto.

Y recuerde, no existe un enfoque único para la corrección de color y el balance de blancos. Se trata de encontrar el equilibrio adecuado que funcione para su foto y mejore su apariencia general. Así que no temas experimentar y confiar en tus instintos creativos. ¡Con un poco de práctica, serás un experto en corrección de color y balance de blancos en poco tiempo!

Técnicas de retoque: mejora de retratos

Muy bien, ¡sumergámonos en el mundo del retoque, donde podemos transformar retratos geniales en impresionantes! El retoque consiste en realzar la belleza natural de los sujetos y al mismo tiempo mantener el aspecto auténtico y realista. Ya sea que esté eliminando imperfecciones, suavizando la piel o ajustando colores y tonos, el retoque puede ayudarlo a crear retratos que realmente brillan.

Primero lo primero, hablemos del retoque de piel. Las imperfecciones, las arrugas y las imperfecciones son una parte natural de la vida, pero eso no significa que tengan que estar al frente y al centro de tus retratos. Utilice herramientas curativas y cepillos para eliminar suavemente cualquier imperfección o mancha que distraiga, teniendo cuidado de no exagerar y hacer que el sujeto parezca una muñeca de porcelana.

A continuación, alisemos la piel. Ahora bien, aquí es donde las cosas pueden ponerse un poco complicadas. Desea igualar el tono y la textura de la piel sin borrar por completo los contornos y rasgos naturales del rostro del sujeto. Utilice herramientas como el sello de clonación o la separación de frecuencias para mezclar y suavizar áreas de textura desigual, teniendo cuidado de mantener una apariencia y sensación naturales.

Los ajustes de color y tono también pueden ayudar a mejorar sus retratos. Utilice capas de ajuste y curvas para ajustar los colores y tonos de su imagen, asegurándose de que la piel del sujeto luzca saludable y vibrante sin verse demasiado saturada o antinatural. Preste atención a detalles como sombras y luces, y realice ajustes sutiles para resaltar lo mejor de las características del sujeto.

¡Y no te olvides de los ojos! Los ojos son las ventanas del alma, como dicen, así que asegúrate de que estén brillantes y llenos de vida en tus retratos. Utilice herramientas de sobreexponer y subexponer para iluminar y mejorar los ojos, añadiendo profundidad y dimensión a la mirada del sujeto.

Por último, recuerda que muchas veces menos es más a la hora de retocar. El objetivo es realzar la belleza natural del sujeto, no alterar completamente su apariencia. Sea sutil y comedido en sus técnicas de retoque y siempre tenga en cuenta la integridad y autenticidad del sujeto.

En resumen, el retoque es una herramienta poderosa para mejorar los retratos y sacar lo mejor de los sujetos. Al utilizar una combinación de herramientas curativas, técnicas de suavizado de la piel, ajustes de color y tono y una cuidadosa atención a los detalles, puedes crear retratos que realmente brillan. ¡Así que toma tu cámara, comienza a disparar y deja volar tu creatividad mientras retocas para lograr impresionantes retratos!

Creando impresionantes fotografías en blanco y negro

Exploremos el cautivador mundo de la fotografía en blanco y negro, donde los tonos de gris pueden evocar emoción, drama y elegancia atemporal. Ya sea que esté capturando paisajes, retratos o escenas callejeras, la fotografía en blanco y negro ofrece una oportunidad única para crear imágenes sorprendentes que resisten el paso del tiempo.

En primer lugar, hablemos del poder del contraste. En la fotografía en blanco y negro, el contraste es clave para crear profundidad y dramatismo en las imágenes. Busque escenas con luces y sombras intensas, así como texturas y patrones interesantes que resalten en blanco y negro. Experimente con diferentes condiciones de iluminación y configuraciones de exposición para maximizar el contraste en sus fotografías.

La composición es otro aspecto crucial de la fotografía en blanco y negro. Sin la distracción del color, los elementos de la composición, como la línea, la figura y la forma, toman protagonismo. Busque líneas y formas fuertes que guíen la mirada del espectador a través de la imagen y experimente con diferentes ángulos y perspectivas para crear composiciones dinámicas.

Presta atención a la gama tonal de tus fotografías. La fotografía en blanco y negro consiste en capturar una amplia gama de tonos, desde negros profundos hasta blancos brillantes y todo lo demás. Utilice software de edición para ajustar el equilibrio tonal de sus imágenes, asegurándose de preservar los detalles tanto en las luces como en las sombras.

No tengas miedo de experimentar con filtros y efectos para mejorar el ambiente y la atmósfera de tus fotografías en blanco y negro. Un filtro rojo, por ejemplo, puede profundizar las sombras y agregar dramatismo a sus imágenes, mientras que un filtro azul puede crear una apariencia más fresca y etérea. Juega con diferentes efectos hasta que encuentres el perfecto para tu foto.

Y finalmente, ¡practica, practica, practica! Como cualquier forma de fotografía, crear impresionantes imágenes en blanco y negro requiere tiempo y dedicación. Tómate el tiempo para estudiar el trabajo de los maestros fotógrafos en blanco y negro y practica tus habilidades siempre que puedas. Con paciencia y perseverancia, podrás capturar impresionantes imágenes en blanco y negro que dejan una impresión duradera.

En resumen, la fotografía en blanco y negro ofrece una oportunidad única para crear imágenes evocadoras y atemporales que se destacan entre la multitud. Si domina los principios de contraste, composición, gama tonal y experimentación, podrá crear impresionantes fotografías en blanco y negro que capturen la belleza y la esencia del mundo que lo rodea. ¡Así que toma tu cámara, adopta la paleta monocromática y deja volar tu creatividad mientras exploras el cautivador mundo de la fotografía en blanco y negro!

Imprimir y mostrar sus fotos

Ahora que ha capturado y editado sus impresionantes fotografías, es hora de darles vida en el mundo físico. Ya sea que esté imprimiendo sus fotografías para colgarlas en la pared, creando un álbum de fotos o mostrándolas en una galería, hay algunas cosas que debe considerar para garantizar que sus fotografías luzcan lo mejor posible.

Lo primero es lo primero: elija el método de impresión y el papel adecuados. Hay innumerables opciones disponibles, desde impresiones tradicionales en papel brillante o mate hasta opciones más modernas como impresiones en metal o lienzos. Considere el estilo y la estética de sus fotografías, así como también dónde se mostrarán, al elegir el método de impresión y el tipo de papel correctos.

Cuando se trata de impresión, la resolución es clave. Asegúrese de que sus fotografías sean de alta resolución y del tamaño adecuado para el tamaño de impresión que desee. Esto garantizará que sus impresiones sean nítidas, claras y libres de pixelación o distorsión. Si no está seguro de la resolución de sus fotografías, consulte con su servicio de impresión o consulte sus pautas para obtener una calidad de impresión óptima.

Considere las opciones de marco y mate para sus impresiones. Un marco y un tapete bien elegidos pueden mejorar el aspecto general de sus fotografías, complementando su estilo y estética. Experimente con diferentes opciones de encuadre para encontrar la combinación perfecta que resalte sus fotos y agregue un toque de elegancia a su exhibición.

Si está creando un álbum o libro de fotos, preste atención al diseño y la disposición. Organice sus fotografías de manera que cuente una historia o resalte un tema, y agregue leyendas o anotaciones para proporcionar contexto y mejorar la comprensión de su trabajo por parte del espectador. Tómate el tiempo para diseñar un diseño que fluya sin problemas y muestre tus fotos con la mejor luz posible.

Y por último, no olvide proteger sus impresiones contra daños y deterioro. Utilice materiales de calidad de archivo y vidrio o acrílico con protección UV para proteger sus impresiones contra la decoloración, la decoloración y el daño ambiental. Las técnicas adecuadas de encuadre y exhibición pueden ayudar a garantizar que sus impresiones permanezcan vibrantes y hermosas en los años venideros.

En resumen, imprimir y mostrar tus fotografías es un paso importante en el proceso creativo, ya que te permite compartir tu trabajo con el mundo y disfrutarlo en tu propio espacio. Si elige el método de impresión y el papel adecuados, presta atención a las opciones de resolución y marco y toma medidas para proteger sus impresiones, podrá crear exhibiciones impresionantes que muestren sus fotografías en todo su esplendor. ¡Así que adelante, imprime tus fotografías, muéstralas con orgullo y deja que tu creatividad brille!

Construyendo su portafolio de fotografía

Muy bien, hablemos de crear un portafolio fotográfico excelente que muestre tu talento, estilo y visión. Ya sea que estés comenzando o estés buscando llevar tu carrera fotográfica al siguiente nivel, un portafolio sólido es esencial para atraer clientes, conseguir trabajos y mostrar tu trabajo al mundo.

Lo primero es lo primero: seleccione su mejor trabajo. Tu portafolio es un reflejo de tus habilidades y creatividad, así que elige tus fotografías sabiamente. Seleccione una amplia gama de imágenes que demuestren su versatilidad como fotógrafo, manteniendo al mismo tiempo un estilo y una estética coherentes. Apunte a la calidad sobre la cantidad y sea implacable en su proceso de selección: incluya solo imágenes que realmente representen su mejor trabajo y muestren su visión única.

Considere la estructura y organización de su cartera. Piensa en la historia que quieres contar con tu trabajo y organiza tus fotografías de manera que fluyan sin problemas y atraigan al espectador. Puedes optar por organizar tu portafolio por tema, género o estilo, o organizar tus fotografías en orden cronológico para mostrar tu crecimiento y desarrollo como fotógrafo. Cualquiera que sea el enfoque que elija, asegúrese de que su portafolio sea fácil de navegar y visualmente atractivo.

La presentación es clave cuando se trata de su portafolio. Invierta en un libro de portafolios de alta calidad o cree un portafolios en línea elegante que muestre su trabajo de la mejor manera posible. Preste atención a detalles como la disposición, el diseño y la tipografía, y asegúrese de que su portafolio esté pulido y tenga un aspecto profesional. Recuerde, su cartera es a menudo la primera impresión que dará a clientes o colaboradores potenciales, ¡así que haga que cuente!

No tenga miedo de actualizar y actualizar su cartera con regularidad. A medida que creces y evolucionas como fotógrafo, tu portafolio debe reflejar tu progreso y tu estilo y estética actuales. Mantenga su portafolio dinámico y actualizado agregando regularmente nuevos trabajos y eliminando imágenes antiguas que ya no representan su mejor trabajo.

Y finalmente, no olvides promocionar tu portafolio y compartirlo con el mundo. Utilice las redes sociales, su sitio web y eventos de networking para mostrar su trabajo y conectarse con clientes y colaboradores potenciales. Sea proactivo en la búsqueda de oportunidades para compartir su portafolio y hacer que su trabajo sea visto por la mayor cantidad de personas posible.

En resumen, crear un portafolio de fotografía consiste en seleccionar tu mejor trabajo, organizarlo de manera efectiva y presentarlo de una manera que muestre tu talento y visión. Al seleccionar tus mejores imágenes, organizarlas cuidadosamente y presentarlas de manera profesional, puedes crear un portafolio que se destaque entre la multitud y te ayude a alcanzar tus objetivos fotográficos. ¡Así que sal, comienza a fotografiar y crea el portafolio de tus sueños!

Copyright y propiedad intelectual: protegiendo su trabajo

Muy bien, hablemos de proteger su trabajo creativo contra el uso no autorizado y la infracción. Como fotógrafo, sus imágenes son su medio de vida, por lo que es importante comprender sus derechos y tomar medidas para protegerlos del mal uso.

En primer lugar, hablemos de derechos de autor. Los derechos de autor son un derecho legal que le otorga control exclusivo sobre el uso y distribución de su trabajo creativo. Como creador de tus fotos, automáticamente posees los derechos de autor sobre ellas tan pronto como se crean. Esto significa que tienes el derecho exclusivo de reproducir, distribuir y mostrar tus fotografías, así como el derecho de crear trabajos derivados basados en ellas.

Para proteger aún más sus derechos de autor, considere registrar sus fotografías en la oficina de derechos de autor de su país. Si bien la protección de los derechos de autor es automática, el registro proporciona beneficios legales adicionales y facilita la aplicación de sus derechos ante los tribunales si se infringe su trabajo.

Cuando se trata de compartir sus fotografías en línea, considere usar marcas de agua o incrustar información de derechos de autor en sus imágenes para disuadir el uso no autorizado. Si bien las marcas de agua pueden ser algo intrusivas, también pueden ayudar a identificar su trabajo y disuadir a posibles infractores de robar sus fotografías.

Esté atento al control del uso de sus fotografías en línea. Utilice herramientas de búsqueda de imágenes inversas para rastrear dónde se utilizan sus fotos y tome medidas para abordar cualquier uso no autorizado o infracción. Esto podría implicar enviar cartas de cese y desistir, presentar avisos de eliminación de la DMCA o emprender acciones legales contra los infractores.

Considere la posibilidad de licenciar sus fotografías para uso comercial. Al otorgar una licencia para sus fotografías, puede otorgar permiso a otros para usar su trabajo a cambio de una tarifa u otra compensación. Hay varios tipos de licencias disponibles, desde licencias libres de regalías que permiten el uso ilimitado de sus fotografías hasta licencias con derechos administrados que restringen el uso según factores como la duración, la ubicación geográfica y el uso previsto.

Y, por último, infórmese sobre las leyes de derechos de autor y los derechos de propiedad intelectual. Cuanto más sepa sobre sus derechos y cómo protegerlos, mejor equipado estará para defender su trabajo contra infracciones y usos no autorizados.

En resumen, proteger su trabajo del uso no autorizado y la infracción es esencial para preservar sus derechos como fotógrafo y salvaguardar su sustento. Al comprender las leyes de derechos de autor, registrar su trabajo, utilizar marcas de agua, monitorear el uso, otorgar licencias para sus fotografías y mantenerse informado sobre sus derechos, puede tomar medidas proactivas para proteger su trabajo creativo y asegurarse de recibir el crédito y la compensación adecuados por sus esfuerzos. ¡Así que sea proactivo, permanezca alerta y proteja su trabajo del mal uso y la infracción!

Etiqueta de redes sociales para fotógrafos

Muy bien, profundicemos en lo que los fotógrafos deben y no deben hacer en cuanto a la etiqueta en las redes sociales. Las redes sociales son una herramienta poderosa para mostrar su trabajo, conectarse con otros fotógrafos e interactuar con su audiencia, pero es importante usarlas de manera responsable y respetuosa.

En primer lugar, hablemos de compartir tu trabajo. Las redes sociales son una gran plataforma para mostrar tus fotografías y llegar a un público más amplio, pero es importante ser selectivo con lo que compartes. Publica únicamente tus mejores trabajos: las imágenes que realmente representan tu estilo y visión como fotógrafo. La calidad es más importante que la cantidad, así que resiste la tentación de inundar los feeds de tus seguidores con cada foto que hayas tomado.

Cuando comparta sus fotos en las redes sociales, asegúrese de dar crédito a quien lo merece. Si estás volviendo a publicar el trabajo de otra persona, siempre pide permiso primero y dale el crédito adecuado en tu título. De manera similar, si estás compartiendo una foto inspirada en el trabajo de otra persona, asegúrate de reconocerla y darle crédito por la inspiración.

Interactúe con su audiencia de una manera significativa. Responda a comentarios y mensajes, haga preguntas y fomente la conversación. Las redes sociales se tratan de construir conexiones y fomentar relaciones, así que tómate el tiempo para interactuar con tus seguidores y mostrarles que valoras su apoyo y comentarios.

Sea respetuoso con los demás fotógrafos y su trabajo. Evite hacer comentarios negativos o despectivos sobre otros fotógrafos o sus fotografías, incluso si personalmente no le gusta su estilo o tema. Recuerde, la fotografía es subjetiva y lo que a una persona le encanta, a otra puede no gustarle, ¡y eso está bien!

Evite el uso de las redes sociales para expresar quejas o quejarse de clientes, colegas u otros fotógrafos. Mantenga sus interacciones profesionales y positivas, y recuerde que las redes sociales son un foro público donde cualquiera puede ver sus publicaciones.

Y, por último, tenga en cuenta los derechos de autor y de propiedad intelectual. No uses fotos de otra persona sin permiso y siempre da crédito cuando compartas o vuelvas a publicar el trabajo de otra persona. Respeta los derechos de otros fotógrafos, tal como te gustaría que respetaran los tuyos.

En resumen, la etiqueta de los fotógrafos en las redes sociales consiste en utilizar la plataforma de manera responsable y respetuosa. Al compartir su mejor trabajo, dar crédito a quien lo merece, interactuar con su audiencia, ser respetuoso con otros fotógrafos y respetar los derechos de autor y de propiedad intelectual, puede utilizar las redes sociales para mostrar su talento y conectarse con otros fotógrafos y entusiastas de la fotografía en una manera positiva y significativa. ¡Así que adelante, comparte tu trabajo, interactúa con tu audiencia y disfruta de la increíble comunidad que las redes sociales tienen para ofrecer!

Networking y colaboración en la comunidad fotográfica

Muy bien, hablemos del poder de la creación de redes y la colaboración en la comunidad fotográfica. Establecer relaciones con otros fotógrafos y colaborar en proyectos puede abrir nuevas oportunidades, ampliar sus habilidades e inspirar su creatividad.

En primer lugar, hablemos de networking. La creación de redes se trata de establecer conexiones y establecer relaciones con otros fotógrafos, profesionales de la industria y clientes potenciales. Asista a reuniones, talleres y conferencias de fotografía, únase a foros y comunidades de fotografía en línea e interactúe con otros fotógrafos en las redes sociales. Tómese el tiempo para presentarse, hacer preguntas y conocer a otros fotógrafos en su área o nicho.

La creación de redes no se trata sólo de establecer conexiones, sino también de nutrir esas conexiones a lo largo del tiempo. Manténgase en contacto con sus contactos, haga un seguimiento después de reuniones o eventos y busque oportunidades para colaborar o apoyar el trabajo de los demás. Crear una red sólida de contactos puede abrir nuevas oportunidades de colaboración, referencias y apoyo mutuo.

La colaboración es otra forma poderosa de crecer y aprender como fotógrafo. Ya sea asociarse con otros fotógrafos en un proyecto creativo, asociarse con modelos o estilistas para una sesión de fotos, o trabajar con clientes para hacer realidad su visión, la colaboración le permite aunar sus talentos y recursos para crear algo mayor que la suma de sus partes.

Al colaborar con otros, la comunicación es clave. Defina claramente los roles y expectativas desde el principio, analice la visión creativa y los objetivos del proyecto y establezca un cronograma y un flujo de trabajo que funcione para todos los involucrados. Esté abierto a los comentarios e ideas de sus colaboradores y esté dispuesto a comprometerse y encontrar puntos en común para lograr el mejor resultado posible.

La colaboración no se trata sólo de trabajar con otros fotógrafos, sino también de aprender de ellos. Esté abierto a aprender nuevas técnicas, experimentar con diferentes estilos y salir de su zona de confort. Trabajar con otras personas puede ayudarle a ampliar sus habilidades, obtener nuevos conocimientos y crecer como fotógrafo.

Y, por último, no tenga miedo de tomar la iniciativa e iniciar colaboraciones usted mismo. Comuníquese con otros fotógrafos, modelos, estilistas u otros creativos cuyo trabajo admire y proponga ideas para colaborar. Ya sea una sesión de fotos temática, una exposición conjunta o un proyecto colaborativo para un cliente, no temas presentar tus ideas y ver adónde te llevan.

En resumen, la creación de redes y la colaboración son esenciales para crecer y prosperar en la comunidad fotográfica. Al establecer relaciones, fomentar conexiones y colaborar con otros, puede ampliar sus habilidades, ampliar sus horizontes y lograr un mayor éxito y satisfacción como fotógrafo. ¡Así que sal, comienza a hacer conexiones y deja volar tu creatividad a través de la colaboración!

Buscando comentarios y críticas constructivas

Muy bien, hablemos de la importancia de buscar comentarios y críticas constructivas como fotógrafo. Si bien puede resultar intimidante exponer tu trabajo para que otros lo critiquen, recibir comentarios de compañeros, mentores y otros fotógrafos puede ser increíblemente valioso para tu crecimiento y desarrollo como artista.

En primer lugar, hablemos de por qué la retroalimentación es importante. Los comentarios te brindan una nueva perspectiva de tu trabajo, ayudándote a ver tus fotos a través de los ojos de otra persona. Puede resaltar áreas en las que sobresale y áreas en las que puede mejorar, ayudándole a identificar fortalezas y debilidades en su fotografía. La retroalimentación también abre oportunidades de aprendizaje y crecimiento, lo que le permite ampliar sus habilidades y perfeccionar su oficio.

Al buscar comentarios, es importante tener la mente abierta y ser receptivo a las críticas. Recuerde, el objetivo de la retroalimentación no es derribarlo ni hacerlo sentir mal por su trabajo, sino ayudarlo a mejorar y crecer como fotógrafo. Aborde la retroalimentación con una mente abierta y voluntad de aprender, y agradezca cualquier conocimiento o sugerencia que otros ofrezcan.

Sea específico sobre qué tipo de comentarios está buscando. ¿Buscas asesoramiento técnico sobre exposición y composición? ¿Está buscando comentarios sobre su estilo de edición o técnicas de posprocesamiento? ¿Está interesado en escuchar las opiniones de los demás sobre el concepto general y el mensaje de sus fotografías? Sea claro acerca de lo que espera obtener del proceso de retroalimentación, para que otros puedan brindarle la retroalimentación más útil y relevante posible.

Cuando reciba comentarios, concéntrese en las críticas constructivas: comentarios que ofrecen sugerencias específicas para mejorar o resaltan áreas en las que puede crecer como fotógrafo. Si bien siempre es agradable escuchar comentarios positivos, son las críticas constructivas las que te ayudarán a esforzarte para convertirte en un mejor fotógrafo.

Y, por último, no tema buscar comentarios de diversas fuentes. Comuníquese con otros fotógrafos, mentores y compañeros cuyo trabajo admire y pídales comentarios honestos sobre sus fotografías. Únase a foros y comunidades de fotografía donde podrá compartir su trabajo y recibir comentarios de una audiencia más amplia. Cuantos más comentarios recibas, más oportunidades tendrás de aprender y crecer como fotógrafo.

En resumen, buscar comentarios y críticas constructivas es una parte esencial del proceso creativo de los fotógrafos. Si tiene una mente abierta, es específico sobre el tipo de comentarios que busca, se centra en la crítica constructiva y busca comentarios de una variedad de fuentes, puede obtener información valiosa, mejorar sus habilidades y crecer como fotógrafo. Así que no tengas miedo de publicar tu trabajo, buscar comentarios de los demás y utilizarlos como trampolín para tu crecimiento y desarrollo como artista.

Establecer metas e hitos realistas

Profundicemos en la importancia de establecer metas e hitos realistas como fotógrafo. Ya sea que estés comenzando o estés buscando llevar tu fotografía al siguiente nivel, tener metas e hitos claros puede ayudarte a mantenerte enfocado, motivado y encaminado hacia el éxito.

En primer lugar, hablemos de por qué es importante establecer objetivos. Los objetivos te brindan algo por lo que esforzarte y brindan dirección y propósito a tu fotografía. Le ayudan a aclarar sus prioridades, identificar áreas de mejora y medir su progreso a lo largo del tiempo. Sin objetivos claros, es fácil sentirse perdido o abrumado, sin saber qué pasos seguir para avanzar en su viaje fotográfico.

Al establecer objetivos, es importante ser realista y específico. En lugar de establecer objetivos vagos como "tomar mejores fotografías" o "convertirse en un fotógrafo famoso", divídalos en objetivos más pequeños y alcanzables que sean específicos, mensurables y con plazos determinados. Por ejemplo, puedes fijarte el objetivo de mejorar tus habilidades de composición practicando la regla de los tercios en tus fotos, o aumentar tu número de seguidores en Instagram en un 10 % en los próximos tres meses.

Una vez que haya establecido sus objetivos, divídalos en hitos o tareas más pequeñas en las que pueda trabajar de forma diaria, semanal o mensual. Esto hace que sus objetivos sean más manejables y lo ayuda a mantenerse motivado al brindarle una sensación de progreso y logro a medida que trabaja para alcanzar sus objetivos más importantes.

Sea flexible y adaptable con sus objetivos. La vida es impredecible y, a veces, las cosas no salen según lo planeado. Esté dispuesto a ajustar sus objetivos y cronogramas según sea necesario, y no sea demasiado duro consigo mismo si encuentra contratiempos u obstáculos en el camino. Recuerde, está bien tomar desvíos o cambiar de rumbo; lo importante es que siga avanzando y se mantenga comprometido con su visión y objetivos generales.

Finalmente, celebre sus éxitos e hitos en el camino. Tómate el tiempo para reconocer y celebrar tus logros, por pequeños que parezcan. Ya sea llegar a una cierta cantidad de seguidores en las redes sociales, vender su primera impresión o dominar una nueva técnica fotográfica, vale la pena celebrar cada hito como testimonio de su arduo trabajo, dedicación y progreso como fotógrafo.

En resumen, establecer metas e hitos realistas es esencial para lograr el éxito y el crecimiento como fotógrafo. Si establece objetivos claros y específicos, los divide en hitos más pequeños, se mantiene flexible y adaptable y celebra sus éxitos a lo largo del camino, podrá mantenerse concentrado, motivado y encaminado para lograr sus sueños fotográficos. ¡Así que adelante, establece tus objetivos y comienza a trabajar para convertir tus aspiraciones fotográficas en realidad!

Encontrar tu estilo fotográfico y tu voz

Exploremos el viaje para encontrar tu estilo fotográfico y tu voz únicos: es como descubrir tu huella artística que te diferencia de los demás. Tu estilo y tu voz son los que hacen que tus fotos sean reconocibles y memorables, reflejando tu personalidad, visión y expresión creativa.

En primer lugar, hablemos de lo que realmente significan el estilo de fotografía y la voz. Tu estilo abarca los elementos estéticos y visuales que definen tu trabajo; podría caracterizarse por tu elección de temas, técnicas de composición, estilo de edición, paleta de colores o estado de ánimo. Tu voz, por otro lado, es la base emocional y conceptual de tu trabajo: es lo que tus fotografías dicen sobre ti, tu perspectiva y las historias que quieres contar.

Encontrar tu estilo y tu voz es un viaje de autodescubrimiento y exploración. Se trata de experimentar con diferentes técnicas, temas y enfoques hasta que encuentres lo que resuena contigo y te hace sentir auténtico respecto de quién eres como fotógrafo. No tengas miedo de probar cosas nuevas, correr riesgos y superar los límites de tu creatividad; así es como descubrirás tu estilo y tu voz únicos.

Empieza mirando hacia dentro y preguntándote qué te inspira y qué te apasiona. ¿Qué temas o temas te atraen? ¿Qué emociones o ideas quieres evocar en tus fotografías? Tus respuestas a estas preguntas pueden proporcionar pistas sobre tu estilo y voz y ayudarte a guiar tu viaje creativo.

Presta atención al trabajo de los fotógrafos que admiras, pero no intentes imitar ni replicar su estilo. En su lugar, estudie sus técnicas y enfoques, y piense en cómo puede incorporar elementos de su trabajo a su propia visión única. Inspírate en una amplia gama de fuentes, no solo en otros fotógrafos, sino también en el arte, la literatura, la música y el mundo que te rodea.

Experimente con diferentes técnicas, temas y estilos hasta que encuentre lo que le parezca adecuado. No tengas miedo de cometer errores o tomar desvíos en el camino: cada experimento es una oportunidad para aprender y crecer como fotógrafo. Sigue refinando y perfeccionando tu estilo y tu voz con el tiempo, y confía en que, con paciencia y perseverancia, eventualmente encontrarás tu propia voz creativa que te diferenciará de la multitud.

Y recuerda, tu estilo y tu voz seguirán evolucionando y cambiando a medida que crezcas y te desarrolles como fotógrafo. Abrace el viaje de autodescubrimiento y exploración creativa, y confíe en que su perspectiva y visión únicas brillarán en su trabajo, haciéndolo verdaderamente suyo.

En resumen, encontrar tu estilo fotográfico y tu voz es un viaje profundamente personal y gratificante. Al explorar tus pasiones, experimentar con diferentes técnicas y mantenerte fiel a ti mismo y a tu visión, podrás descubrir tu voz creativa única que te distingue como fotógrafo. ¡Así que adelante, acepta el viaje y deja que tu estilo y tu voz brillen en tu fotografía!

Equilibrar la pasión y las ganancias: convertir su pasatiempo en una carrera

Sumerjámonos en el emocionante viaje de convertir su afición por la fotografía en una carrera satisfactoria y, al mismo tiempo, equilibrar su pasión por la fotografía con la necesidad de generar ingresos.

En primer lugar, es fundamental mantener la pasión por la fotografía durante la transición a una carrera. Recuerda por qué te enamoraste de la fotografía en primer lugar y continúa alimentando esa pasión. Tu amor por el oficio será la fuerza impulsora de tu éxito y te mantendrá motivado en tiempos difíciles.

Sin embargo, también es importante reconocer el lado comercial de la fotografía. A medida que convierte su pasatiempo en una carrera, deberá abordarlo con una mentalidad estratégica. Esto incluye desarrollar un plan de negocios, establecer objetivos financieros y crear una estrategia de marketing para promocionar sus servicios.

Cuando se trata de fijar el precio de sus servicios, es esencial valorar su trabajo y experiencia. Si bien puede resultar tentador subestimarse, especialmente al empezar, esto puede socavar su credibilidad y dificultar el mantenimiento de su negocio a largo plazo. Tómese el tiempo para investigar los estándares de la industria y establecer precios que reflejen el valor de su trabajo.

Construir una sólida presencia en línea es clave para atraer clientes y hacer crecer su negocio de fotografía. Invierta en la creación de un sitio web y un portafolio profesional que muestre su mejor trabajo y resalte su estilo y voz únicos. Utilice plataformas de redes sociales para interactuar con su audiencia, compartir vistazos detrás de escena de su trabajo y establecer relaciones con clientes potenciales.

La creación de redes es otro aspecto crucial para construir una carrera fotográfica exitosa. Asista a eventos de la industria, únase a grupos y foros de fotografía y conéctese con otros profesionales en su campo.

Crear una sólida red de contactos puede generar nuevas oportunidades, colaboraciones y referencias que pueden ayudar a hacer crecer su negocio.

A medida que navegas por la transición de fotógrafo aficionado a fotógrafo profesional, es importante mantenerte flexible y abierto a nuevas oportunidades. Esté dispuesto a adaptarse a las tendencias cambiantes del mercado, experimentar con diferentes nichos o servicios y buscar continuamente formas de innovar y hacer crecer su negocio.

Finalmente, recuerda priorizar el cuidado personal y el equilibrio en tu vida. Desarrollar una carrera fotográfica puede ser exigente, tanto física como emocionalmente, por lo que es importante tomarse un tiempo para usted y fomentar su bienestar. Establezca límites en torno a sus horas de trabajo, priorice las actividades que le brinden alegría y satisfacción fuera de la fotografía y no tema pedir ayuda o apoyo cuando lo necesite.

En resumen, convertir su afición por la fotografía en una carrera requiere un equilibrio entre pasión, planificación estratégica y visión para los negocios. Si te mantienes fiel a tu amor por la fotografía, valoras tu trabajo, construyes una sólida presencia en línea, estableces contactos con otros profesionales y priorizas el cuidado personal, puedes crear una carrera satisfactoria y sostenible haciendo lo que amas. ¡Así que adelante, persigue tus sueños y convierte tu pasión por la fotografía en una carrera exitosa y gratificante!

Comunicación con el cliente y profesionalismo.

Exploremos la importancia de la comunicación eficaz con el cliente y el profesionalismo en el negocio de la fotografía. Construir relaciones sólidas con sus clientes y mantener una conducta profesional son esenciales para el éxito en la industria.

En primer lugar, una comunicación clara y oportuna es clave para garantizar una experiencia positiva para sus clientes. Desde la consulta inicial hasta la entrega final de las imágenes, mantener a sus clientes informados y actualizados en cada paso del camino ayuda a generar confianza en sus servicios.

Responda con prontitud a las consultas de los clientes, ya sea que lleguen por correo electrónico, llamadas telefónicas o mensajes de redes sociales. Sea cortés y profesional en sus respuestas y proporcione información clara y detallada sobre sus servicios, precios y disponibilidad.

Escuche atentamente las necesidades y preferencias de sus clientes y haga preguntas para aclarar cualquier incertidumbre. Comprender su visión y expectativas le permite adaptar sus servicios para cumplir con sus requisitos específicos y ofrecer resultados que superen sus expectativas.

Durante todo el proceso de fotografía, mantenga a sus clientes informados sobre los cronogramas, la programación y cualquier cambio o actualización que pueda surgir. Sea proactivo al comunicar cualquier retraso o desafío que pueda afectar el proyecto y trabaje en colaboración con sus clientes para encontrar soluciones y garantizar un resultado fluido y exitoso.

Mantenga el profesionalismo en todas sus interacciones con clientes, colegas y proveedores. Esto incluye ser puntual, confiable y respetuoso en su comunicación y comportamiento. Vístase apropiadamente para reuniones con clientes y sesiones fotográficas, y compórtese con integridad y honestidad en todo momento.

Sea transparente sobre sus precios, políticas y términos de servicio desde el principio, y asegúrese de que sus clientes los comprendan y los acepten antes de celebrar un contrato. Esto ayuda a evitar malentendidos o disputas en el futuro y fomenta una sensación de confianza y transparencia en sus relaciones comerciales.

Finalmente, haga un seguimiento con sus clientes después de la finalización de un proyecto para garantizar su satisfacción y abordar cualquier inquietud o comentario que puedan tener. Agradézcales por su negocio y exprese su agradecimiento por la oportunidad de trabajar con ellos. Construir relaciones positivas con sus clientes puede generar negocios repetidos, referencias y éxito a largo plazo en su carrera fotográfica.

En resumen, la comunicación eficaz con el cliente y el profesionalismo son esenciales para generar confianza, satisfacción y lealtad en su negocio de fotografía. Al mantener una comunicación clara y oportuna, escuchar atentamente las necesidades de sus clientes, comportarse con integridad y profesionalismo y hacer un seguimiento para garantizar la satisfacción, puede crear relaciones positivas y duraderas con sus clientes y lograr el éxito en su carrera fotográfica. ¡Así que adelante, comuníquese con confianza y demuestre su profesionalismo en todos los aspectos de su negocio!

Fijación del precio de sus servicios de fotografía

Profundicemos en el arte y la ciencia de fijar el precio de sus servicios de fotografía. Establecer los precios correctos es esencial para sostener su negocio y garantizar que reciba una compensación justa por su tiempo, experiencia y trabajo creativo.

En primer lugar, es importante comprender sus costos. Calcule todos los gastos asociados con el funcionamiento de su negocio de fotografía, incluidos los costos de equipo, las suscripciones de software, el alquiler del estudio, los gastos de marketing y su propio salario o tarifa por hora. Esto le brinda una base para determinar su precio y garantiza que esté cubriendo sus costos y obteniendo ganancias.

Considere el valor de su tiempo y experiencia. Sus habilidades y experiencia en fotografía son activos valiosos y su precio debe reflejarlo. Tenga en cuenta el tiempo dedicado a fotografiar, editar, comunicarse con los clientes y cualquier otra tarea relacionada con su negocio de fotografía. No subestimes tu tiempo: es uno de tus recursos más preciados.

Investigue el mercado y conozca su valor. Mire lo que otros fotógrafos en su área o nicho cobran por servicios similares y utilice esta información para informar su estrategia de precios. Considere su propuesta de valor única, como su estilo, calidad de trabajo y nivel de servicio al cliente, y fije el precio de sus servicios en consecuencia.

Ofrezca diferentes paquetes de precios para atender a una variedad de clientes y presupuestos. Esto le permite atraer clientes con diferentes necesidades y preferencias mientras maximiza su potencial de ingresos. Considere ofrecer paquetes escalonados con diferentes niveles de servicio y precios, así como opciones complementarias para productos o servicios adicionales.

Sea transparente sobre sus precios y políticas. Comunique claramente sus precios en su sitio web, materiales de marketing y en sus comunicaciones iniciales con los clientes. Asegúrese de que sus clientes comprendan lo que está incluido en su precio y las tarifas o cargos adicionales que puedan aplicarse. La transparencia genera confianza y ayuda a prevenir malentendidos o disputas posteriores.

Considere el valor percibido de sus servicios. Factores como su reputación, cartera e imagen de marca pueden influir en cómo los clientes perciben el valor de su trabajo. Invierta en construir una identidad de marca sólida, mostrar su mejor trabajo y brindar un servicio al cliente excepcional para mejorar el valor percibido de sus servicios y justificar sus precios.

Finalmente, sea flexible y adaptable con sus precios. Cada cliente y proyecto es único y está bien negociar precios o personalizar paquetes para satisfacer sus necesidades específicas. Esté abierto a discutir opciones de precios con sus clientes y encontrar soluciones que funcionen para ambas partes.

En resumen, fijar el precio de sus servicios de fotografía requiere una consideración cuidadosa de sus costos, valor, tendencias del mercado y necesidades del cliente. Al comprender sus gastos, valorar su tiempo y experiencia, investigar el mercado, ofrecer paquetes de precios transparentes y adaptarse a las preferencias del cliente, podrá establecer precios justos, competitivos y sostenibles para su negocio de fotografía. ¡Así que adelante, analice esos números y fije con confianza el precio de sus servicios de fotografía para reflejar el valor que aporta a sus clientes!

Promocionarse como fotógrafo

Exploremos estrategias efectivas para promocionarse como fotógrafo y atraer clientes a su negocio. En el panorama competitivo actual, es esencial destacar y mostrar su estilo y experiencia únicos a los clientes potenciales.

En primer lugar, cree una presencia profesional en línea. Invierta en un sitio web bien diseñado que muestre su cartera, servicios, precios e información de contacto. Su sitio web suele ser la primera impresión que los clientes potenciales tendrán de su negocio, así que asegúrese de que refleje la identidad de su marca y muestre su mejor trabajo.

Optimice su sitio web para motores de búsqueda (SEO) para mejorar su visibilidad en línea. Utilice palabras clave, metaetiquetas y descripciones relevantes para ayudar a los clientes potenciales a encontrarlo cuando busquen fotógrafos en su área o nicho. Considere iniciar un blog para compartir ideas, consejos e historias detrás de escena sobre su trabajo fotográfico, lo que también puede ayudar a mejorar el SEO de su sitio web.

Utilice las redes sociales para conectarse con su audiencia y promover su trabajo. Elija plataformas que se alineen con su público objetivo y su nicho de fotografía, como Instagram, Facebook, Pinterest o LinkedIn. Comparte tus fotos con regularidad, interactúa con tus seguidores y utiliza hashtags para aumentar tu alcance y atraer nuevos clientes.

Establezca contactos con otros profesionales de su industria y comunidad. Asista a eventos de la industria, únase a foros y grupos de fotografía y colabore con otros fotógrafos, modelos, estilistas y proveedores. Establecer relaciones sólidas con compañeros profesionales puede generar referencias, colaboraciones y nuevas oportunidades para su negocio.

Ofrezca incentivos por referencias para alentar a los clientes satisfechos a difundir sus servicios. Considere ofrecer descuentos, obsequios u otras recompensas a los clientes que le recomienden nuevos negocios. El marketing de boca en boca es increíblemente poderoso y puede ayudarlo a atraer clientes de alta calidad que probablemente confíen en las recomendaciones de amigos o familiares.

Considere asociarse con empresas u organizaciones locales para llegar a nuevas audiencias. Ofrezca exhibir su trabajo en cafeterías, boutiques u otros espacios comerciales, o colabore con empresas locales en promociones o eventos especiales. Crear asociaciones con empresas complementarias puede ayudarle a llegar a nuevos clientes y fortalecer su marca dentro de su comunidad.

Finalmente, brinde siempre un servicio al cliente excepcional y supere las expectativas de sus clientes. Es más probable que los clientes satisfechos lo recomienden a otros y se conviertan ellos mismos en clientes habituales. Concéntrese en construir relaciones positivas con sus clientes, brindar un trabajo de alta calidad y brindar una experiencia excepcional de principio a fin.

En resumen, promocionarse como fotógrafo requiere una combinación de estrategias en línea y fuera de línea, incluida la creación de un sitio web profesional, aprovechar las redes sociales, establecer contactos con otros profesionales, ofrecer incentivos por referencias, asociarse con empresas locales y brindar un servicio al cliente excepcional. Al mostrar su estilo y experiencia únicos, construir relaciones sólidas con su audiencia y entregar constantemente un trabajo de alta calidad, puede atraer nuevos clientes y hacer crecer su negocio de fotografía. ¡Así que adelante, salga y comercialice con confianza sus servicios de fotografía en el mundo!

Construyendo una fuerte presencia en línea: sitio web y redes sociales

Muy bien, hablemos sobre cómo crear una excelente presencia en línea que muestre su negocio de fotografía y atraiga clientes potenciales. Su sitio web y su presencia en las redes sociales son componentes clave de su presencia en línea, así que profundicemos en algunos consejos de discurso sencillos para hacerlos brillar.

En primer lugar, su sitio web es su escaparate digital, así que asegúrese de que sea elegante, profesional y fácil de navegar. Elija un diseño limpio y moderno que resalte su mejor trabajo y refleje la identidad de su marca. Muestre su cartera de manera destacada en su página de inicio y facilite que los visitantes se comuniquen con usted o soliciten información sobre sus servicios.

Cuando se trata de redes sociales, elija plataformas que se alineen con su público objetivo y su nicho fotográfico. Ya sea Instagram, Facebook, Pinterest o LinkedIn, concéntrate en las plataformas donde tus clientes potenciales son más activos. Comparte tus fotos con regularidad, interactúa con tus seguidores y utiliza hashtags para aumentar tu visibilidad y atraer nuevos seguidores.

Utilice su sitio web y plataformas de redes sociales para contar su historia y mostrar su personalidad. Comparta destellos detrás de escena de su trabajo, anécdotas personales y conocimientos sobre su proceso creativo. Esto ayuda a humanizar su marca y crear conexiones con su audiencia, lo que hace que sea más probable que confíen en usted y reserven sus servicios.

La coherencia es clave cuando se trata de mantener su presencia en línea. Actualice su sitio web periódicamente con nuevas fotografías, publicaciones de blog o testimonios para mantenerlo actualizado y atractivo. De manera similar, publique constantemente en las redes sociales para estar en la mente de su audiencia y mantenerlos interesados con su contenido.

Interactúa con tu audiencia en las redes sociales respondiendo a comentarios, mensajes y menciones con prontitud. Interactúe con otros usuarios dándole me gusta, comentando y compartiendo su contenido, y colabore con otros profesionales de su industria o comunidad para ampliar su alcance y atraer nuevos seguidores.

Utilice análisis e información para realizar un seguimiento del tráfico de su sitio web y del rendimiento de las redes sociales. Preste atención a qué tipos de contenido resuenan más en su audiencia y ajuste su estrategia en consecuencia. Experimente con diferentes horarios de publicación, formatos de contenido y hashtags para optimizar su alcance y participación.

Por último, no olvide mostrar su experiencia y autoridad en su campo. Comparta consejos, tutoriales e ideas relacionadas con la fotografía en su sitio web y plataformas de redes sociales para posicionarse como un recurso confiable y un líder intelectual en su nicho.

En resumen, construir una fuerte presencia en línea requiere una combinación de un sitio web pulido y una presencia activa en las redes sociales. Al mostrar su mejor trabajo, compartir su historia, interactuar con su audiencia y demostrar su experiencia, puede atraer clientes potenciales y hacer crecer su negocio de fotografía en línea. ¡Así que adelante, ponga en práctica estos sencillos consejos sobre discursos y cree una excelente presencia en línea que lo distinga de la competencia!

Manejar el rechazo y la crítica con gracia

Muy bien, hablemos de cómo afrontar el rechazo y la crítica en el mundo de la fotografía con aplomo y profesionalismo. Recibir retroalimentación, ya sea negativa o constructiva, es una parte natural del proceso creativo, y aprender a manejarla con gracia es esencial para el crecimiento y la resiliencia.

En primer lugar, es importante recordar que el rechazo y la crítica no son ataques personales. Son simplemente oportunidades de aprendizaje y mejora. En lugar de tomar las críticas como algo personal, trate de abordarlas con la mente abierta y la voluntad de aprender. Recuerda que los gustos y preferencias de cada uno son subjetivos y no todos apreciarán o entenderán tu trabajo, ¡y eso está bien!

Cuando reciba críticas, concéntrese en los comentarios constructivos: los conocimientos y sugerencias que pueden ayudarle a crecer y mejorar como fotógrafo. Escuche atentamente lo que otros tienen que decir sobre su trabajo y esté abierto a diferentes perspectivas e ideas. Considere cómo puede utilizar estos comentarios para perfeccionar sus habilidades, experimentar con nuevas técnicas o explorar diferentes direcciones creativas.

También es importante desarrollar resiliencia y una mentalidad positiva ante el rechazo o la crítica. En lugar de insistir en los aspectos negativos, concéntrese en las oportunidades de crecimiento y superación personal que surgen de estas experiencias. Utilice el rechazo y la crítica como motivación para esforzarse más, trabajar en sus debilidades y esforzarse por alcanzar la excelencia en su oficio.

Mantenga el profesionalismo y la gracia en sus interacciones con los demás, incluso ante el rechazo o la crítica. Evite ponerse a la defensiva o confrontar y, en cambio, responda con humildad, gratitud y voluntad de aprender. Agradezca a la persona por sus comentarios y hágale saber que aprecia sus ideas y que las tendrá en cuenta en el futuro.

Recuerde que el rechazo y la crítica no son el fin del mundo: son sólo obstáculos en el camino hacia el éxito. Úselos como oportunidades para crecer, aprender y convertirse en un mejor fotógrafo. Mantente enfocado en tus objetivos, cree en ti mismo y en tus habilidades, y no permitas que los contratiempos o los comentarios negativos te impidan seguir tu pasión por la fotografía.

En resumen, manejar el rechazo y la crítica con gracia es esencial para el crecimiento y la resiliencia como fotógrafo. Al abordar la retroalimentación con una mente abierta, centrarse en la crítica constructiva, mantener una mentalidad positiva y responder con profesionalismo y gracia, puede convertir el rechazo y la crítica en oportunidades de aprendizaje, crecimiento y superación personal. ¡Así que adelante, acepta los comentarios con el corazón abierto y deja que te impulsen hacia adelante en tu viaje fotográfico!

Aprendizaje continuo: talleres, cursos y recursos

Exploremos la importancia del aprendizaje continuo en el campo de la fotografía y cómo los talleres, cursos y otros recursos pueden ayudarlo a perfeccionar sus habilidades, mantenerse inspirado y mantenerse al día con las tendencias de la industria.

En primer lugar, invertir en talleres, cursos y otros recursos educativos es una manera fantástica de ampliar sus conocimientos y experiencia en fotografía. Ya sea un principiante que busca dominar los conceptos básicos o un fotógrafo experimentado que busca perfeccionar sus habilidades o explorar nuevas técnicas, siempre hay algo nuevo que aprender.

Los talleres y cursos ofrecen experiencias de aprendizaje prácticas dirigidas por instructores experimentados que pueden brindar información, comentarios y orientación valiosos. Brindan oportunidades para aprender de expertos en el campo, conectarse con otros fotógrafos y adquirir experiencia práctica a través de asignaciones y proyectos del mundo real.

Los cursos y tutoriales en línea se han vuelto cada vez más populares en los últimos años y ofrecen flexibilidad y comodidad a los fotógrafos ocupados. Plataformas como Udemy, Skillshare y CreativeLive ofrecen una amplia gama de cursos que cubren todo, desde conceptos básicos de la cámara hasta técnicas avanzadas de edición, lo que te permite aprender a tu propio ritmo desde la comodidad de tu hogar.

Además de los talleres y cursos formales, también hay muchos recursos gratuitos disponibles en línea, incluidos artículos, blogs, podcasts y canales de YouTube dedicados a consejos, tutoriales e inspiración sobre fotografía. Aproveche estos recursos para mantenerse informado sobre las tendencias de la industria, aprender nuevas técnicas y descubrir ideas creativas para su propio trabajo.

No pase por alto el valor de aprender de sus compañeros y compañeros fotógrafos. Unirse a grupos y comunidades de fotografía, ya sea en línea o en persona, brinda oportunidades para compartir conocimientos, intercambiar comentarios y colaborar en proyectos. Rodearte de una comunidad solidaria de personas con ideas afines puede ser increíblemente motivador y enriquecedor para tu viaje fotográfico.

Por último, no olvides la importancia de la práctica y la experimentación en tu proceso de aprendizaje. Aplique los conocimientos y habilidades que obtenga de los talleres, cursos y recursos a sus propios proyectos y tareas de fotografía. Experimente con diferentes técnicas, temas y estilos, y no tema traspasar los límites de su creatividad.

En resumen, el aprendizaje continuo es fundamental para el crecimiento y desarrollo como fotógrafo. Al invertir en talleres, cursos y otros recursos, participar en comunidades en línea y adoptar la experimentación y la práctica, puede perfeccionar sus habilidades, mantenerse inspirado y mantenerse al día con las tendencias de la industria. ¡Así que adelante, aprovecha cada oportunidad para aprender y crecer, y observa cómo aumentan tus habilidades fotográficas y tu confianza!

Mantenerse inspirado: explorar otras formas de arte

Profundicemos en el maravilloso mundo de encontrar inspiración explorando otras formas de arte más allá de la fotografía. Extraer diversas disciplinas creativas puede infundir a tu fotografía nuevas ideas, perspectivas y técnicas, manteniendo tu trabajo dinámico e innovador.

En primer lugar, sumérjase en el mundo de las artes visuales visitando galerías de arte, museos y exposiciones. Explora diferentes géneros, estilos y movimientos, desde pinturas clásicas hasta instalaciones contemporáneas. Presta atención a las técnicas de composición, color, iluminación y narración utilizadas en diversas obras de arte y considera cómo puedes incorporar estos elementos en tu propia fotografía.

No se limite a las artes visuales: explore otros medios creativos como la música, la literatura, el cine, la danza y el teatro. Cada forma de arte ofrece ideas y emociones únicas que pueden inspirar tu fotografía de maneras inesperadas. Escuche música que evoque un estado de ánimo o emoción particular y tradúzcala en imágenes visuales a través de su fotografía. Lee libros o poesía que despierten tu imaginación y úsalos como inspiración para sesiones fotográficas conceptuales. Mira películas o actuaciones que te cautiven e inspírate en sus técnicas de narración y estética visual.

Experimente con colaboraciones interdisciplinarias formando equipos con artistas de otras disciplinas. Trabaja con músicos, bailarines, actores o escritores para crear proyectos multimedia que combinen la fotografía con otras formas de arte. Colaborar con artistas de diversos orígenes puede aportar nuevas perspectivas, ideas y energía creativa a su fotografía, abriendo emocionantes posibilidades de exploración y experimentación.

Tómese un descanso de la fotografía y participe en actividades creativas prácticas como dibujar, pintar, esculpir o hacer manualidades.

Trabajar con las manos en diferentes medios puede estimular tu creatividad y ayudarte a ver el mundo desde una nueva perspectiva. Experimente con diferentes texturas, colores y materiales, e incorpore elementos de estas experiencias táctiles en su fotografía para agregar profundidad y dimensión a sus imágenes.

Por último, acepte la belleza de la naturaleza y el mundo que le rodea como fuente de inspiración. Realice paseos al aire libre, observe los cambios de estación y disfrute de las vistas, los sonidos y los olores del mundo natural. Utilice su cámara como herramienta de exploración y descubrimiento, capturando la belleza y las maravillas del mundo a su manera única.

En resumen, encontrar inspiración en otras formas de arte es una forma poderosa de alimentar tu creatividad y mantener tu fotografía fresca y emocionante. Al explorar las artes visuales, la música, la literatura, el cine, la danza, el teatro y las actividades creativas prácticas, puede ampliar sus horizontes artísticos, descubrir nuevas ideas y técnicas e infundir profundidad, emoción y significado a su fotografía. ¡Así que adelante, explora, experimenta y deja que la belleza del arte inspire tu viaje fotográfico!

Mantenimiento de su equipo: consejos de limpieza y almacenamiento

Profundicemos en algunos consejos esenciales para mantener su equipo de fotografía en las mejores condiciones para que pueda seguir funcionando al máximo en los años venideros.

En primer lugar, la limpieza periódica es clave para evitar que se acumulen polvo, suciedad y residuos en su equipo. Utilice un cepillo de cerdas suaves o un soplador para eliminar el polvo y la suciedad del cuerpo de la cámara, las lentes y otros equipos. Sea cuidadoso al limpiar piezas delicadas como el sensor o los elementos de la lente para evitar rayarlas o dañarlas.

Para suciedad o manchas más difíciles, utilice un paño de microfibra ligeramente humedecido con una solución limpiadora de lentes o alcohol isopropílico. Evite el uso de productos químicos agresivos o materiales abrasivos, ya que pueden dañar los delicados revestimientos de las lentes y el cuerpo de la cámara.

No olvides limpiar también el bolso o el estuche de tu cámara con regularidad. El polvo y la suciedad pueden acumularse dentro de su bolso y transferirse a su equipo, así que vacíelo periódicamente y limpie el interior con un paño húmedo.

Cuando guardes tu equipo, elige un espacio limpio, seco y bien ventilado, lejos de la luz solar directa y de temperaturas extremas. Considere invertir en un gabinete, estuche o caja de almacenamiento exclusivo para la cámara para mantener su equipo organizado y protegido cuando no esté en uso.

Guarde sus lentes y cuerpos de cámara con las tapas de lentes y del cuerpo colocadas para protegerlos del polvo y la humedad. Si tiene varios lentes, guárdelos en posición vertical o de lado para evitar que rueden y se dañen.

Invierta en tapas para lentes y cuerpos de cámaras, parasoles y filtros protectores para brindar una capa adicional de protección para su equipo cuando no esté en uso. Estos accesorios pueden ayudar a prevenir rayones, abolladuras y otros daños que pueden ocurrir durante el transporte o almacenamiento.

Considere usar paquetes de gel de sílice o deshumidificadores en el bolso de su cámara o en el espacio de almacenamiento para ayudar a controlar la humedad y prevenir el crecimiento de moho o hongos. Reemplace los paquetes de gel de sílice con regularidad o recárguelos según sea necesario para mantener su eficacia.

Por último, no descuide el mantenimiento y revisión regulares de su equipo. Programe controles y limpiezas de rutina con un técnico de cámaras profesional para asegurarse de que su equipo funcione correctamente y abordar cualquier problema antes de que se agrave.

En resumen, el mantenimiento de su equipo fotográfico requiere una limpieza regular, un almacenamiento adecuado y un mantenimiento ocasional. Si sigue estos consejos e incorporándolos a su rutina, podrá mantener su equipo en óptimas condiciones y asegurarse de que siga funcionando de la mejor manera en los años venideros. ¡Así que adelante, muestra un poco de amor a tu equipo y te recompensará con bellas imágenes una y otra vez!

Lidiar con el agotamiento y los bloqueos creativos

Exploremos algunas estrategias para superar el agotamiento y los bloqueos creativos para que puedas reavivar tu pasión por la fotografía y volver a crear trabajos increíbles.

En primer lugar, es importante reconocer los signos de agotamiento y darse permiso para tomar un descanso cuando sea necesario. Escuche a su cuerpo y a su mente: si se siente agotado, abrumado o sin inspiración, está bien dar un paso atrás y recargar sus baterías.

Tómese el tiempo para actividades de cuidado personal y relajación que le ayuden a relajarse y liberarse del estrés. Ya sea salir a caminar por la naturaleza, practicar mindfulness o meditación, leer un libro o pasar tiempo con sus seres queridos, priorice las actividades que le brinden alegría y rejuvenezcan su espíritu.

Intente identificar las causas fundamentales de su agotamiento y abórdelas de manera proactiva. ¿Estás asumiendo demasiado trabajo? ¿Estás descuidando tu salud física o mental? ¿Te sientes creativamente estancado o sin inspiración? Una vez que comprenda qué contribuye a su agotamiento, podrá tomar medidas para realizar cambios positivos y recuperar el equilibrio en su vida.

Experimente con nuevas técnicas, temas o estilos para salir de la rutina creativa y generar inspiración. Ponte a prueba y prueba algo diferente y ve más allá de tu zona de confort. Realice un taller de fotografía, explore una nueva ubicación o colabore con otros artistas para inyectar nueva energía a su trabajo.

Cree un entorno propicio y enriquecedor para que prospere su creatividad. Rodéate de influencias positivas, ya sean compañeros fotógrafos, mentores o amigos que comprendan y aprecien tu viaje creativo. Comparta sus luchas y experiencias con los demás y busque apoyo y aliento cuando sea necesario.

Practica la autocompasión y la paciencia contigo mismo durante los momentos de bloqueo creativo. Recuerde que la creatividad fluye y refluye, y está bien tener períodos de baja inspiración o productividad. Sé amable contigo mismo y confía en que tu chispa creativa regresará a su debido tiempo.

Fíjese objetivos y expectativas realistas y divida los proyectos más grandes en tareas más pequeñas y manejables. Celebre las pequeñas victorias y el progreso a lo largo del camino, y no sea demasiado duro consigo mismo si las cosas no salen según lo planeado. Recuerda que cada contratiempo es una oportunidad de crecimiento y aprendizaje.

Por último, no tema buscar ayuda profesional si tiene problemas de agotamiento o de salud mental. Hable con un terapeuta o consejero que pueda brindarle orientación y apoyo adaptados a sus necesidades. Recuerde que está bien pedir ayuda cuando la necesita y cuidar su salud mental es esencial para el bienestar general.

En resumen, superar el agotamiento y los bloqueos creativos requiere autoconciencia, autocuidado y voluntad de explorar nuevas ideas y enfoques. Si te tomas un tiempo para descansar y recargarte, experimentas con nuevas técnicas, buscas el apoyo de los demás y practicas la autocompasión, puedes reavivar tu pasión por la fotografía y redescubrir la alegría de crear. ¡Así que adelante, acepta el viaje y confía en que tu creatividad florecerá una vez más!

Celebrando su progreso y logros

Tomémonos un momento para reconocer y celebrar tu progreso y logros como fotógrafo. Ya sea que recién esté comenzando su viaje o haya estado perfeccionando su oficio durante años, es importante reconocer y celebrar los hitos y éxitos a lo largo del camino.

En primer lugar, tómate un tiempo para reflexionar sobre lo lejos que has llegado desde que tomaste una cámara por primera vez. Celebre las habilidades que ha desarrollado, los desafíos que ha superado y el crecimiento que ha experimentado como fotógrafo. Reconozca la dedicación, la pasión y el arduo trabajo que ha invertido en la consecución de su visión creativa.

Celebre sus logros, no importa cuán grandes o pequeños sean. Ya sea capturar un paisaje impresionante, realizar una sesión fotográfica desafiante o recibir reconocimiento por su trabajo, siéntase orgulloso de sus logros y del esfuerzo que ha puesto para lograrlos. Celebre con amigos, familiares o compañeros fotógrafos que puedan compartir su alegría y entusiasmo.

No olvide celebrar el viaje en sí: los momentos de inspiración, las lecciones aprendidas y los recuerdos creados a lo largo del camino. La fotografía es algo más que las imágenes finales: se trata de las experiencias, conexiones e historias detrás de ellas. Tómate el tiempo para saborear el proceso de crear y compartir tu trabajo con otros.

Reserva tiempo para crear un registro visual de tu progreso y logros. Crea un portafolio o galería de tus mejores trabajos, ya sea en línea o impresos, que muestre cómo tus habilidades y estilo han evolucionado con el tiempo. Utilice esto como recordatorio de cuánto ha logrado y como motivación para seguir esforzándose más.

Celebre también los éxitos de otros miembros de la comunidad fotográfica. Comparte tu admiración y apoyo hacia otros fotógrafos que te inspiran, ya sea dándole me gusta, comentando o compartiendo su trabajo en las redes sociales, o asistiendo a sus exposiciones o eventos.

Construir una comunidad colaborativa y de apoyo puede amplificar su propio éxito y brindar más alegría y satisfacción a su viaje fotográfico.

Finalmente, recuerda celebrar los momentos de alegría, asombro y belleza que la fotografía trae a tu vida. Ya sea capturando un momento fugaz de belleza natural, expresando tu creatividad a través de tu trabajo o conectando con otros a través de tus imágenes, tómate el tiempo para apreciar la magia de la fotografía y la alegría que trae a tu vida.

En resumen, celebrar tu progreso y logros como fotógrafo es una parte importante para mantenerte motivado, inspirado y realizado en tu viaje creativo. Si te tomas el tiempo para reflexionar sobre lo lejos que has llegado, reconocer tus logros y compartir tu alegría con los demás, podrás cultivar un sentido de orgullo, gratitud y satisfacción en tu práctica fotográfica. ¡Así que adelante, celebra tus éxitos y sigue esforzándote por alcanzar nuevas alturas en tu viaje fotográfico!

www.ingramcontent.com/pod-product-compliance
Lightning Source LLC
Chambersburg PA
CBHW050233230526
45470CB00005B/1930